普通高等教育"十一五"国家级规划教材

新世纪高等学校法语专业本科生系列教材

总主编 曹德明

旅游法语

Le tourisme

王明利　卞文佳　盖莲香　编 著

上海外语教育出版社

外教社 SHANGHAI FOREIGN LANGUAGE EDUCATION PRESS

图书在版编目（CIP）数据

旅游法语 / 王明利, 卞文佳, 盖莲香编著. -- 上海：上海外语教育出版社, 2024
新世纪高等学校法语专业本科生系列教材 / 曹德明总主编
ISBN 978-7-5446-8031-8

Ⅰ.①旅… Ⅱ.①王… ②卞… ③盖… Ⅲ.①旅游－法语－高等学校－教材 Ⅳ.①F59

中国版本图书馆CIP数据核字（2024）第040235号

出版发行：**上海外语教育出版社**
　　　　　　（上海外国语大学内）　邮编：200083
电　　　话：021-65425300（总机）
电子邮箱：bookinfo@sflep.com.cn
网　　　址：http://www.sflep.com
责任编辑：　任倬群

印　　　刷：上海信老印刷厂
开　　　本：787×1092　1/16　印张12.75　字数335千字
版　　　次：2024 年 5 月 第 1 版　2024 年 5 月 第 1 次印刷

书　　　号：ISBN 978-7-5446-8031-8
定　　　价：38.00 元
本版图书如有印装质量问题，可向本社调换
质量服务热线：4008-213-263

新世纪高等学校法语专业本科生
系列教材编委会

总　序

　　时光荏苒，岁月匆匆，新中国高校法语专业本科教学从1949年成立解放军外国语学院开设法语专业之时算起，已逾70年；如果追溯到1898年北京大学成立之初便开设的法语专业，可以说已有120多年历史了。

　　中国法语教学百年起起伏伏，几经周折，在改革开放后迎来了迅猛发展的春天，其显著标志之一，便是法语教材的编写出版：20世纪80年代上海外国语学院和北京外国语学院先后编写出版了《法语》各6册，形成南北呼应之势；1992年北京外国语大学推出的新版《法语》，从编写理念和时代特征上看，均有进步。当时代进入21世纪，编写一套新理念的系列教材成为新世纪的迫切需要。上海外语教育出版社与教育部高等学校外语专业教学指导委员会法语分委员会密切合作，策划了"新世纪高等学校法语专业本科生系列教材"。

　　系列教材自2007年起陆续出版，至今已有20余种图书相继问世，几乎涵盖了目前我国高校法语专业开设的全部核心课程(精读、视听说、阅读、写作、翻译等课程)和部分专业方向课程(文学、语言学、跨文化等课程)，不同教材之间互相呼应，具有较强的系统性。教材的编写在遵循语言习得规律的基础上，着眼于国家和社会的发展趋势、学生的个人发展需求，力图在编写理念、内容结构和呈现方式上有所突破，引领国内法语教学新理念，体现了一定的前瞻性与创新性。编者团队由国内法语界知名专家学者和骨干教师组成，他们在各自领域均有建树。"新世纪"系列集众家之所长，总体上代表了我国法语教学的发展方向和水平，也保证了教材的权威性。系列教材出版后，得到全国数十所高校法语专业师生的广泛认可，全系列入选普通高等教育"十一五"国家级规划教材，多种教材入选普通高等教育"十二五"国家级规划教材并屡获各类奖项，教材建设成果斐然。

　　近年来，我国经济飞速发展，社会不断进步，现代化建设取得巨大成就。党的二十大旗帜鲜明地提出了全面建成社会主义现代化强国、实现第二个百年奋斗目标，以中国式现代化全面推进中华民族伟大复兴的中心任务。新时代，新征程，党和国家对外语教育、外语人才的培养提出了新要求。《高等学校外语类专业本科教学质量国家标准》和《普通高等学校本科外国语言文学类专业教学指南》的发布，为法语专业的课程体系、课程结构、人才培养目标和规格等明确了发展方向。

高质量人才的培养离不开高质量教材体系的支撑。二十大报告指出，要落实立德树人根本任务，加快建设教育强国，全面提高人才自主培养质量，并首次提出加强教材建设和管理，凸显了教材工作在党和国家事业发展全局中的重要地位。为贯彻落实党的二十大精神，响应时代要求和教学需要，"新世纪"系列教材当即启动新一轮建设工程，一方面着手增补新品种教材，另一方面对已出版的教材不断进行修订和完善，同时加强信息技术与法语教学内容的深度融合，着力打造培根铸魂、启智增慧的系列精品教材。希望全新亮相的"新世纪"系列教材能够助力高校法语教育的高质量发展，为支持新时期我国法语专业课程资源建设，为培养兼具家国情怀与国际视野的外语人才和合格的社会主义事业建设者、接班人贡献力量。

曹德明
2023年于上海外国语大学

前　言

　　根据教育部外语专业教学指导委员会法语分委员会关于法语专业的教学大纲，依据我国法语专业的发展现状和高校外语复合型人才培养的模式，教指委法语组组长、上海外国语大学校长曹德明教授主持编写了这套供法语专业各类课程使用的系列教材，我们很荣幸能够承担《旅游法语》的编写工作。本教材的编写目的是让学生了解旅游行业、学习导游业务知识，并掌握相关的法语表达方式，提高法语水平。本书的特色是融旅游知识和语言知识为一体，具有较强的实用性和可操作性。学生在学完本教程后，即可了解和掌握导游工作的业务流程及相关的法语表达方式，可以上岗进行实际操作。

　　本教材的编写注重实用性，旨在教授学生旅游方面的基本知识，培养学生运用语言与不同游客进行有效沟通的能力。本书力求"授之以渔"，即通过一步步讲解，启发学生自己寻找材料创造适合的导游词。书中提供了16篇导游词样例，每篇导游词后设有若干扩展性问题，如果课堂时间允许，可以就相关主题展开讨论，扩展学生的知识面，加深他们的思考深度。

　　本教程适合法语专业本科三年级学生使用，全书共分16课，教学设计为一个学期。每一课包含四个部分：第一部分为导游常识，主要介绍导游工作的基本内容和基本要求，包括机场接团、宾馆入住、饭店就餐、景点讲解、突发事件处理以及送团离境等各个环节；第二部分为语言交际，根据每一课涉及的导游常识，提供两段与主题相呼应的对话；第三部分为法语语言技能扩展，这一部分为学生提供了以导游活动为主线的语言实践练习，并在书后配备答案；第四部分为导游词创作与讲解，在1-10课中，我们给出了10个国内著名景点的详细导游词，从第11课开始，我们只提供了导游词编写的要点和部分景点的基本概要，其目的在于使学生能够在老师的指导下，根据景点的基本信息来组织编写具有鲜明个性的导游词，以提高学生运用语言的能力。

由于编者的水平有限，《旅游法语》在编写上尚存在不足和疏漏之处，恳请同行及读者批评指正。

编 者
2012年

Sommaire

目　录

LEÇON

1

Aperçu du tourisme et des agences de voyages

● Tourisme :

Le tourisme international profite de l'exportation et est un facteur important pour équilibrer la balance des paiements entre les nations. Il est donc devenu l'une des sources les plus importantes de l'engagement entre nations en stimulant les énormes investissements dans les infrastructures, dont la plupart contribuent à améliorer les conditions de vie des populations locales. Il apporte également des recettes fiscales considérables aux gouvernements. De même, le tourisme crée un grand nombre d'emplois et apporte des marchés dans les pays en voie de développement, procurant ainsi des avantages économiques et évitant de ce fait un exode rural vers de grandes villes surpeuplées.

Selon l'Organisation Mondiale du Tourisme, le tourisme international a rapporté, en 2007, 856 milliards de dollars américains (625 milliards d'euros), ce qui correspond en valeur réelle à une augmentation de 5,6 % par rapport à 2006 et représente 30% des exportations mondiales de services. Ainsi, en 2008, le nombre de voyageurs trans-frontaliers a progressé de 2% pour atteindre 924 millions, soit 16 millions de plus qu'en 2007. Ils seront alors 1,6 milliard dans le monde entier en 2020 au plus tard selon les estimations.

● Secteurs commerciaux du tourisme :

Il existe quatre secteurs principaux du tourisme : le transport, le commerce de voyage, l'hôtellerie - restauration, et les sites touristiques. Ils sont plus ou moins dépendants et interactifs.

> **Vocabulaire**
>
> exportation *n.f.* 出口，输出
> équilibrer *v.t.* （使）平衡，（使）均衡
> recette fiscale *n.f.* 税收
> hôtellerie-restauration *n.f.* 餐饮住宿服务业
> sites touristiques *n.m.pl.* 旅游景点

Ainsi, le transport, l'hôtellerie et la restauration sont considérés comme « hardware » (infrastructure), et leur usage est catalysé par les tour-opérateurs et les agences de voyages, tandis que les lieux touristiques ainsi que les activités récréatives, qui jouent le rôle de « software » (service), fournissent les choix de voyage.

● Agences de voyages occidentales :

Le grand public utilise souvent un seul terme, « agence de voyages », pour désigner deux acteurs du tourisme qui sont cependant différents : les T.O. (tour-opérateurs) et A.V. (agences de voyages).

Les tour-opérateurs sont de véritables fabricants de voyages, de « produits touristiques » finis, ils les préparent avant même que ne se manifeste la demande des voyages à forfait (l'expression a son importance car c'est essentiellement en cela que les T.O. se distinguent des A.V.). Ils assument leur promotion à travers des brochures et les vendent, soit directement par leurs propres services et bureaux de ventes, soit par l'intermédiaire des agences de voyages distributrices et indépendantes.

La notion du tour-opérateur repose donc essentiellement sur la notion économique de producteur de voyages à forfait (appelés aussi « packages » ou « inclusive tour »). Ce type de voyage consiste, aussi bien au niveau des prestations touristiques qu'au niveau des prix, à organiser un programme de voyage ou de vacances permettant au client d'être déchargé pratiquement de tout souci pendant son déroulement. Autrement dit, c'est un séjour organisé suivant un programme détaillé, comprenant un ensemble plus ou moins étendu de prestations touristiques, pour un prix fixe déterminé à l'avance.

Les voyages à forfait sont donc :

- ✔ à motivation de loisirs ;
- ✔ itinérants (circuit) ou sédentaires (séjour) ;
- ✔ accompagnés en totalité, partiellement ou non accompagnés ;
- ✔ confectionnés à l'avance, « préfabriqués » avant la demande du client ;
- ✔ pouvant aller de la prestation minimum (voyage seul) aux prestations complètes et sophistiquées (voyages aller-retour ou circuits + transferts + hébergement & restauration + loisirs + assurances) ;
- ✔ avec des départs à dates fixes, souvent répétitifs ;
- ✔ proposés au public à travers une brochure ou un catalogue, généralement riche en informations et en couleurs ;
- ✔ vendus à prix fixe, « tout compris », et à régler avant le début du voyage.

Vocabulaire

voyages A.R. *n.m.* 往返旅行

T.O. (tour-opérateur) *n.m.* 旅游运营商

A.V. (agence de voyages) *n.f.* 旅行社

fabricant, e *n.* 制造商

forfait *n.m.* 包含指定服务的整体价格

prestation *n.f.* 提供，给予

séjour *n.m.* 居住

circuit *n.m.* 旅游路线

itinérant, e *adj.* 巡回的，巡游的

sédentaire *adj.* 地点固定的，常驻的

Différents types de voyages répondant à cette définition sont proposés sur le marché du tourisme (circuits, séjours, voyages à thème, croisières, etc.).

L'agence de voyages, quant à elle, lorsqu'elle n'a pas d'activité de tour-opérateur telle que définie précédemment, est axée sur deux activités essentielles : la « billetterie » ou revente de prestations touristiques (transports, hôtels, assurances, services divers) et la « distribution » ou revente de forfaits fabriqués par les T.O., activités pouvant être complétées par la « production » ou organisation de voyages, à la demande du client. Dans ce cas, l'agent de voyages a une importance primordiale en tant que dernier maillon du circuit de distribution. Il peut aussi agir comme représentant direct – sans intervention des T.O. – de prestataires touristiques. Cela est particulièrement vrai pour les transporteurs, notamment aériens, dont les A.V. représentent le principal canal de vente. Par contre, en ce qui concerne l'hébergement, le recours direct aux agences de voyages uniquement distributrices est moins efficace.

Lorsque l'on parle de flux des voyageurs ou de déplacements, il ne faut pas confondre l'agence émettrice et l'agence réceptrice. Cette dernière organise l'accueil des passagers et s'occupe d'eux pendant leur séjour. Elle agit en qualité d'agent récepteur, tandis que la première organise le départ des voyageurs pour les acheminer vers une destination étrangère. Elle agit alors en qualité d'agent émetteur.

● Agences de voyages chinoises :

En chinois, il n'existe pas de termes différents pour distinguer les T.O. des A.V.. La même expression est donc utilisée tant pour la vente en gros que pour celle au détail malgré leurs différences.

Il existe principalement deux sortes d'agences de voyages en Chine, les agences domestiques et les agences internationales. Ces dernières au nombre de 1 364 sur un total de 13 361 agences chinoises ont seules le droit d'organiser les voyages des visiteurs en provenance de l'étranger, les voyages des touristes chinois à l'outre-mer et les voyages domestiques.

> **Vocabulaire**
>
> agence émettrice *n.f.* 组团社
> agence réceptrice *n.f.* 地接社
> agence domestique *n.f.* 国内旅
> 行社
> agence internationale *n.f.* 国际
> 旅行社

Questions

1. Donnez une brève définition d'un T.O.
2. Quelles sont les deux prestations essentielles d'une agence de voyages d'après le texte ?
3. Comment peuvent fonctionner les relations entre T.O. et A.V. ?
4. Donnez une brève définition du « voyage à forfait ». Expliquez les 5 caractéristiques.
5. Quels sont les avantages apportés par le tourisme ? D'après vous, quel est le futur du tourisme international ?

Dialogue I – Demander des informations sur les forfaits de voyage

> **Situation :** Barbara, un professeur français, enseigne dans une université à Shanghai. Les vacances d'été arrivent et elle prévoit une visite de sept jours à Beijing. Elle téléphone à une agence de voyages pour obtenir des informations sur les voyages organisés.

Agent de voyages : *Joyeux voyages*, bonjour ! Puis-je vous aider ?

Barbara : Bonjour, je voudrais passer une semaine à Beijing l'été prochain. Avez-vous des voyages organisés ?

Agent de voyages : Nous en avons deux. Un forfait de 7 jours et un autre de 10 jours.

Barbara : Je suis intéressée par celui de 7 jours. Pourriez-vous me dire combien ça coûte ?

Agent de voyages : Le prix total est de 2 800 yuans.

Barbara : Qu'est-ce qui est inclus dans ce forfait ?

Agent de voyages : Le billet aller-retour et tous les repas pendant le voyage.

Barbara : Et l'hébergement ? Pourriez-vous me préciser le prix et le type d'hôtel ?

Agent de voyages : L'hébergement est évidemment inclus également dans le prix. Vous logerez dans un hôtel trois étoiles qui propose une cuisine chinoise mais aussi occidentale.

Barbara : Ce n'est pas mal. Les entrées des sites touristiques sont incluses dans le prix ?

Agent de voyages : Non, car quelques visites seront facultatives. Nous vous proposons donc différentes visites qui seront à régler auprès du guide.

Barbara : Ah ? D'accord. Je désirerais savoir si le transport vers les lieux touristiques est inclus.

Agent de voyages : Oui, bien sûr. Nous offrons l'autocar pour aller sur les lieux touristiques et retourner à l'hôtel.

Barbara : Merci, j'ai toutes les informations qu'il me fallait, je vais réfléchir maintenant.

Agent de voyages : Je vous en prie. Si vous avez d'autres questions, n'hésitez pas à nous rappeler. Bonne journée, Madame.

Barbara : Merci. Au revoir.

Dialogue II – Demander des informations sur un voyage scolaire

> **Situation :** M. Wang veut envoyer son fils dans un pays francophone pendant les vacances d'été pour apprendre l'anglais. Il va dans une agence de voyages pour se renseigner.

M. Wang : Bonjour ! Je voudrais me renseigner sur un voyage d'études à l'étranger pour mon fils.

Agent de voyages : Bonjour ! Ce serait pour quel pays ?

M. Wang : Le Canada, si c'est possible.

Agent de voyages : Tout à fait. Nous avons des séjours linguistiques pour les lycéens à Québec et Montréal.

M. Wang : J'aimerais connaître les détails du séjour.

Agent de voyages : Oui, bien sûr. C'est un séjour de 15 jours. Les élèves suivent 3 heures de cours quotidiennement et habitent dans des résidences universitaires sur le campus. Des visites culturelles sont également incluses dans ce forfait.

M. Wang : Qu'est-ce qu'ils font après les cours ?

Agent de voyages : Ils auront une série d'activités culturelles, mais aussi des visites de lieux historiques, ils seront toujours accompagnés d'un professeur étranger et de moniteurs de loisirs et parfois même d'un guide.

M. Wang : Ça me paraît pas mal.

Agent de voyages : Nous organisons ce genre de voyage depuis 10 ans. Vous pouvez nous faire confiance.

M. Wang : Bon. Merci beaucoup. Je vais y réfléchir et je vous contacterai.

Agent de voyages : Très bien. N'hésitez pas à nous téléphoner. Voici une brochure et mes coordonnées. *(Il lui tend une brochure et une carte de visite.)* N'hésitez surtout pas à prendre contact avec moi si vous avez des questions. Bonne journée, Monsieur.

Exercice 1   Les secteurs et les fonctions du tourisme

Lisez attentivement le tableau des domaines d'activités du tourisme et placez les termes suivants aux endroits qui conviennent.

accueil et réservation	*agences de voyages*	*distribution des repas*
installation et séjour	*image*	*tour-opérateurs*
production	*publics nombreux et variés*	*responsabilité*

Secteurs	Domaines	Fonctions
secteur de l'hôtellerie et de la restauration Il comporte trois domaines d'activités placés sous la ____1____ du manager général.	l'hôtellerie	le front office : responsable de ____2____ le service hébergement : responsable de ____3____
	la restauration	la ____4____ des repas : n'est pas en contact avec le public la ____5____ : service en salle et en chambre
	les bars	le service au bar
secteur des agences	la production	les ____6____
secteur public ou professionnel de la promotion et de l'assistance	la distribution	les ____7____ non productrices
	la promotion	responsable de ____8____ touristique ou des développements de projets
	l'accueil et l'assistance	Le secteur le plus important en personnel qui est en contact avec des ____9____

Exercice 2   Tourisme émetteur ou récepteur

1.   Quelle est leur fonction ?

    1)   Un touriste chinois est en vacances en Allemagne. Il se rend dans une agence de voyages car il souhaite visiter Saint-Pétersbourg avec *Rhein Touristic*, le T.O. local. L'agent qui

s'occupe de lui organise son voyage avec *Rhein Touristic*. Cet agent agit en tant que :

    a. agent récepteur.   b. agent émetteur.   c. tour-opérateur.

2) Un agent de voyages irlandais veut organiser un voyage à la carte en Afrique du Sud pour un groupe d'hommes d'affaires de son pays. À qui va-t-il s'adresser à Dublin pour connaître les produits déjà disponibles sur le marché ?

    a. À un tour-opérateur.   b. À un agent récepteur.   c. À une agence de voyages.

2. Dites si les fonctions ci-dessous sont celles d'une agence émettrice ou réceptrice. Cochez la réponse qui convient.

	Agence émettrice	Agence réceptrice
1) assister les visiteurs pendant leur séjour dans le pays		
2) organiser le séjour de visiteurs étrangers dans son pays		
3) recevoir et renseigner les clients sur différentes destinations		
4) accueillir des visiteurs envoyés par une agence émettrice étrangère ou en vacances dans le pays		
5) organiser le départ de ses clients vers la destination choisie		
6) faire des réservations de voyages ou de séjour à l'étranger pour ses clients		

Exercice 3   Distinction de ces fonctions touristiques

1. Dans chaque cas, indiquez la fonction du professionnel du tourisme : tour-opérateur (TO), agent distributeur (AD), agent émetteur (AE), agent récepteur (AR), en cochant la case qui convient.

	TO	AD	AE	AR
1) Il accueille les touristes étrangers dans son pays.				
2) Il conçoit des forfaits avec différentes prestations.				
3) Il propose des prestations dans son pays à un tour-opérateur étranger.				
4) Il vend divers forfaits pour de nombreuses destinations.				

2. Attribuez à chacun des prestataires les responsabilités qui sont les siennes. Cochez la case qui convient.

	Agence réceptrice	Agence émettrice	Tour-opérateur	Agence de voyages
1) fabriquer et vendre des prestations d'accueil dans son pays				
2) distribuer des prestations locales fabriquées par des prestataires divers : prestations d'animations, de spectacles, d'hébergements, de transports, etc.				
3) vendre des voyages aux distributeurs				
4) organiser des forfaits que vendent les agences de voyages				
5) s'appeler aussi « voyagiste »				
6) vendre des billets d'avion aux particuliers				
7) concevoir des voyages				
8) accueillir des visiteurs dans son pays				

Partie 4
Présentation de lieux touristiques chinois

1. 导游词概述之一

一篇优秀的导游词必须有丰富的内容，融入各类知识并旁征博引、融会贯通、引人入胜。导游词的内容必须准确无误，令人信服。它不能只满足于一般性介绍，还要注重深层次的内容，如：同类事物的鉴赏、有关诗词的点缀和名家的评论等，这样可以提高导游词的档次和水准。创作导游词时一般需注意以下几点：

讲究口语化。导游语言是一种具有丰富表达力、生动形象的口头语言，这就是说，在导游词创作中要注意多用日常词汇，避免晦涩难懂的书面语和音节拗口的词汇。要多用短句，以便讲起来顺口，听起来轻松。

重点突出。每个景点都有代表性的景观，每个景观又都从不同角度反映出它的特色内容。导游词必须在照顾整体的同时突出重点。面面俱到、没有重点的导游词是不成功的。

重视品位。创作导游词必须注意提高品位：一要强调思想品位，因为弘扬爱国主义精神是导游员义不容辞的职责；二要讲究文学品位，语言规范、文字准确、结构严谨、内容层次符合逻辑，这是对一篇导游词的基本要求，此外，如果能在关键之处适当地引经据典，得体地运用诗词名句和名人警句，导游词的文学品位就会得到提高。

2. 导游词样例：故宫博物院

Le Musée du Palais Impérial[1]

Mesdames, Messieurs, devant nous, se tient le musée du Palais Impérial, son nom le plus connu est la Cité Interdite. Avant d'y entrer, je vais vous faire une petite présentation.

La construction de la Cité Interdite a commencé en 1406 et a terminé en 1420, sous le règne de l'empereur Zhu Di de la dynastie des Ming. Après lui, 24 empereurs des dynasties des Ming et des Qing y ont habité, dont le dernier est Puyi. Je pense que certains d'entre vous ont vu le film *Le Dernier Empereur*, qui raconte la vie de l'empereur Puyi, le dernier empereur de la dynastie des Qing, qui a mis fin à la société féodale en 1911.

La superficie de la Cité Interdite est de 720 000 m^2, la surface bâtie est de 150 000 m^2. Qui peut imaginer combien de palais, de pavillons, de salles et de chambres il y a au total ? On comptait 9 999,5 pièces à l'époque, dont 8 704 existent toujours. Cela veut dire que si un bébé naît et qu'on le fait habiter dans une pièce différente chaque nuit, il lui faut au moins 27 ans pour faire le tour du Palais. C'est le plus grand groupe de bâtiments impériaux existants et le site le mieux préservé dans le monde entier.

La Cité Interdite se divise globalement en deux parties : la cour extérieure où les empereurs travaillaient, recevaient les hauts fonctionnaires et la cour intérieure où habitaient les empereurs, les impératrices et de nombreuses concubines.

Juste en face de nous, c'est la Porte du Méridien[2], on l'appelle la Porte Wumen en chinois. Sur les boussoles de la Chine antique, « wu » signifie le sud et « men » veut dire la porte. Wumen est donc la porte-sud de la Cité Interdite. Wumen est surmontée de cinq pavillons à double auvent, et de porches latéraux liés en forme d'ailes d'oie sauvage, on les appelle « pavillons en ailes d'oie sauvage » ou « pavillons des cinq phénix ». La porte du milieu était réservée au char de l'empereur et de l'impératrice alors que les portes latérales étaient réservées aux mandarins lettrés, aux généraux et aux hauts fonctionnaires. Tout à l'heure, nous entrerons par la porte du milieu comme le faisaient les empereurs et les impératrices.

Quel était alors le rôle de la Porte Wumen ? D'abord, à l'occasion de la Fête des Lanternes, le 15e jour du premier mois selon le calendrier lunaire, c'est-à-dire, entre fin février et début mars,

---

① 故宫，旧称紫禁城，是明、清两个朝代的皇宫。它是目前世界上保存最大、最完整的木质结构的古建筑群。

② 午门是紫禁城的正门，位于紫禁城南北轴线。此门居中向阳，位当子午，故名午门。午门是颁发皇帝诏书的地方。

les empereurs de la dynastie des Ming invitaient une centaine de hauts mandarins lettrés et des militaires à un banquet, où l'on illuminait la Porte Wumen de lanternes. Ensuite, quand les armées avaient gagné des guerres, c'était ici que les empereurs les félicitaient et il y avait des cérémonies pour transférer les captifs. Enfin, « la punition à coups de bâton » des Ming se faisait devant la Porte Wumen. C'était un châtiment spécifique à la cour impériale des Ming : tout fonctionnaire qui rendait l'empereur en colère ou le mécontentait suite à de mauvaises propositions qu'il lui avait faites était condamné à être frappé « à coups de bâton » devant cette porte.

Suivez-moi, s'il vous plaît, et entrons dans la Cité Interdite. Il y a du monde. Veuillez rester groupés afin de ne pas vous perdre.

Oui, comme vous le voyez, il y a un ruisseau qu'on appelle le Ruisseau aux Eaux d'Or. Pourquoi a-t-on creusé un ruisseau ? Il y a non seulement des raisons esthétiques, mais aussi des raisons pratiques. Vous verrez tout à l'heure que toute la construction a été faite en bois dans la Cité Interdite et la prévention des incendies était donc primordiale.

Traversons le pont sur le Ruisseau aux Eaux d'Or. Le pont est en fait composé de cinq ponts en marbre blanc, qui symbolisent les cinq vertus traditionnelles : la bienveillance, la justice, le rite, l'intelligence et la foi.

Après avoir traversé le pont, nous voilà, dans la cour extérieure. Il y a trois zones dans cette cour de la Grande Audience : le Palais de l'Harmonie suprême, le Palais de l'Harmonie parfaite et le Palais de l'Harmonie préservée. Nous allons visiter d'abord le Palais de l'Harmonie suprême.

Vocabulaire

empereur	*n.m.*	皇帝
impératrice	*n.f.*	皇后
concubine	*n.f.*	嫔妃
boussole	*n.f.*	指南针
auvent	*n.m.*	棚檐
porche	*n.m.*	门廊
char	*n.m.*	座驾
Fête des Lanternes	*n.f.*	元宵节

Noms propres

l'empereur Puyi	溥仪
la Porte du Méridien	午门
les pavillons des cinq phénix	五凤楼
la punition à coups de bâton	杖刑

le Ruisseau aux Eaux d'Or	金水河
les cinq vertus traditionnelles	五德（仁、义、礼、智、信）
le Palais de l'Harmonie suprême	太和殿
le Palais de l'Harmonie parfaite	中和殿
le Palais de l'Harmonie préservée	保和殿

Sujets de réflexion

Choisissez un des sujets ci-dessous et en faites un exposé.

1. Dans la cour extérieure, il y a trois grands palais. Quelles sont leurs caractéristiques et leurs fonctions ?
2. Présentez un des empereurs qui a habité la Cité Interdite.
3. Comment était la vie des concubines et des eunuques（宦官）qui vivaient dans la cour intérieure de la Cité Interdite à l'époque de la dynastie des Ming et des Qing ?
4. Quelles sont les caractéristiques architecturales de la Cité Interdite ?
5. Avez-vous vu le film *Le Dernier Empereur* de Bernardo Bertolucci ? Si oui, qu'en pensez-vous ?

Leçon 2

Partie 1

Texte   ## Classification du tourisme et des produits touristiques

Il y a plusieurs manières de classer les différentes formes de tourisme.

● **Classification fondée sur les motivations :**

✔ **Tourisme blanc / montagnard :**
Ce secteur professionnel s'adresse aux personnes qui souhaitent passer des vacances à la montagne pendant la saison des sports d'hiver. Le reste de l'année, ces séjours montagnards s'apparentent soit au tourisme vert, soit au tourisme de santé.

✔ **Tourisme bleu / littoral, tourisme balnéaire :**
C'est la forme de tourisme la plus ancienne (les bains de mer). Il concerne les activités de plage, les activités nautiques ou le farniente dans des sites ensoleillés.

✔ **Tourisme culturel :**
C'est un secteur professionnel qui comprend les visites guidées des musées et monuments, la fréquentation de festivals et spectacles, et la découverte de parcs et sites naturels.

✔ **Tourisme d'affaires et de congrès :**
Individuel ou de groupe, le tourisme d'affaires recouvre à la fois les déplacements des cadres commerciaux des entreprises et les voyages motivés par une manifestation professionnelle telle que séminaire, congrès, colloque, salon ... Il représente un chiffre d'affaires très important pour les hôtels.

✔ **Tourisme de santé / thermalisme :**
Le thermalisme et la thalassothérapie ont une vocation à la fois médicale et touristique. Le thermalisme est fondé

Vocabulaire
balnéaire *adj.* 海水浴的
nautique *adj.* 航海的，海上的
farniente *n.m.* <俗>闲逸，悠闲，无所事事
colloque *n.m.* 讨论会，研讨会，会谈
thermalisme *n.m.* 温泉利用
thalassothérapie *n.f.* 海水浴疗法

sur l'utilisation des eaux de source aux vertus médicales. La thalassothérapie utilise l'eau de mer et les éléments du milieu marin dans un but préventif et thérapeutique.

✔ **Tourisme équitable :**
C'est un type de produit touristique qui associe la découverte d'un pays ou d'une culture au développement économique local.

✔ **Tourisme événementiel :**
C'est un secteur professionnel qui organise des séjours touristiques à l'occasion d'un événement culturel ou sportif.

✔ **Tourisme gastronomique et vinicole :**
C'est un produit touristique qui associe la visite d'un pays ou d'une région à la découverte des spécialités alimentaires et culinaires.

✔ **Tourisme ludique :**
Il concerne les activités de divertissement tels que les casinos, les parcs de loisirs, les parcs à thème, les zoos et parcs animaliers...

✔ **Tourisme religieux :**
Il se traduit par la visite de monuments religieux, la fréquentation de lieux de culte et la participation à des manifestations religieuses : pèlerinages, rassemblements à caractère spirituel.

✔ **Tourisme sportif :**
C'est un tourisme en plein essor non seulement pendant les vacances mais également durant les week-ends. Les activités sont nombreuses (voile, surf, ski, randonnée, cyclotourisme, canoë...) et liées à un environnement spécifique (la montagne, le littoral, la campagne…)

✔ **Tourisme vert :**
C'est un secteur professionnel qui regroupe différents types de séjours à la montagne, à la campagne, dans des gîtes ruraux par exemple.

✔ **Tourisme scolaire :**
Ce sont des sorties encadrées par les enseignants comme les classes découvertes ou de neige et les voyages de fin d'études.

● **Classification fondée sur la distance et la durée :**

Vocabulaire

préventif *adj.* 预防的
thérapeutique *adj.* 治疗的
ludique *adj.* 游戏的
cyclotourisme *n.m.* 自行车旅行
excursion d'une journée 一日游
excursion intérieure 国内游

✔ **Excursion courte** (excursion d'une journée) : elle s'organise souvent dans la ville ou autour de la ville de départ.

✔ **Excursion intérieure :** elle regroupe les tourismes interne et exerce un rôle social non négligeable. Elle crée et maintient en effet des emplois et, grâce au tourisme vert, limite l'exode rural et favorise l'entretien du patrimoine (gîtes ruraux, fermes, auberges, hôtels familiaux...).

✔ **Excursion extérieure** : elle comprend le tourisme récepteur et émetteur et représente un apport conséquent de devises pour le pays qui accueille. Pour certains pays qui ne bénéficient pas de beaucoup de ressources économiques, l'apport de la clientèle étrangère est souvent devenu le seul moyen de compenser le déficit de la balance commerciale.

● **Classification fondée sur l'indépendance :**

✔ **Les circuits (les forfaits) accompagnés :** ce sont des voyages itinérants qui permettent de découvrir une région, un pays. Cette découverte peut être généraliste ou thématique (route de la soie, les villes impériales...). Différents moyens de transport peuvent alors être utilisés selon les distances. L'hébergement et les repas sont compris dans le forfait.

✔ **Les autotours :** ce sont des circuits individuels en voiture avec l'hébergement réservé à chaque étape.

● **Classification fondée sur la coupe antinomique (opposé) :**

✔ Tourisme urbain et tourisme rural
✔ Tourisme de séjour et tourisme itinérant
✔ Tourisme de luxe et tourisme social
✔ Tourisme des jeunes et tourisme du troisième âge

Si l'on analyse les produits touristiques, on verra clairement qu'ils sont tous faits pour satisfaire les besoins de la clientèle. En effet, le client cherche à satisfaire ses goûts, il centre son intérêt sur un élément majeur (celui qui comblera son désir). Nous avons vu précédemment que les motivations des clients en matière de tourisme sont diverses et variées. Ainsi, nous pouvons nous poser la question : quel élément dans ce produit a déclenché la décision d'achat du consommateur ? Ou, a contrario, si le touriste a déjà une idée précise avant de connaître l'offre proposée, quel élément essentiel recherche donc le consommateur ? Sachant que l'absence de cet élément entraînerait le désintérêt de l'acheteur pour le produit. On comprend dès lors que, quelle que soit la forme du voyage, un élément essentiel le caractérise alors que le reste des services proposés n'est que l'habillage de cet élément. Certes, ces services auront une importance aux yeux du client, mais ils n'interviendront qu'au moment du choix entre deux produits dont l'élément essentiel est identique. Ce facteur central peut être :

✔ **La destination :** le client recherche une destination particulière, il souhaite découvrir un pays, une région, parce que sa réputation l'attire. Il veut accroître sa culture, comprendre les us et coutumes, découvrir les sons, les odeurs, les couleurs, les goûts, les ambiances.

Vocabulaire

excursion extérieure 海外游
tourisme émetteur 出境游
tourisme récepteur 入境游
thématique *adj.* 主题的
antinomique *adj.* 二律背反的

Il aura le choix entre différents produits et dont l'approche sera plus ou moins culturelle, thématique ou généraliste, et dont le confort sera plus ou moins recherché, mais l'élément essentiel de son voyage restera cette destination.

✓ **La pratique d'une activité :** elle peut être une activité habituelle que le client souhaite retrouver lors de ses vacances comme une activité sportive (golf, voile, sports nautiques, sports d'hiver...) ou une activité nouvelle à laquelle il s'intéresse (initiation à l'informatique, stage d'aquarelle, cuisine du Sud-Ouest...).

✓ **Le repos, la détente :** l'environnement, le climat, la qualité des services hôteliers et de restauration, le cadre, la prise en charge seront le gage d'un séjour de détente.

✓ **La convivialité, la fête :** certaines personnes cherchent à rompre avec la monotonie quotidienne, le voyage est pour elles une période festive où l'on noue des contacts humains. Dans ce cas, le client recherchera des gens qui ont le même but. Les professionnels ont bien compris ce besoin et certains produits sont ciblés sur cette demande, comme la « croisière des seniors de Paquet ».

✓ **L'originalité :** vivre une expérience nouvelle, sortir des sentiers battus, telle sera la recherche de cette clientèle qui choisira des produits comme « le Bal de l'Empereur » à Vienne pour le Nouvel An ou les activités pour célébrer la Fête de la mi-automne en Chine.

✓ **L'aventure :** le besoin de fuir nos sociétés aseptisées, de se dépasser, de se retrouver soi-même face à la nature. Les produits qui répondent à cette demande sont aujourd'hui nombreux : circuits en motoneige, trekkings, rafting…

✓ **La nouveauté, le prestige :** nombreux sont les consommateurs qui recherchent la destination originale qui est jamais proposée jusqu'alors, ou encore réputée qui leur permet d'acquérir un certain prestige dans son cercle d'amis.

Vocabulaire
convivialité *n.f.* (社交场合中的)快乐，舒畅
la Fête de la mi-automne 中秋节
prestige *n.m.* 名声，名望

Ces différents exemples démontrent qu'il ne peut y avoir une typologie figée des produits touristiques. Nous savons aussi qu'un même produit peut être consommé pour des raisons différentes : l'un privilégiera la marque, l'autre le confort, ou encore la destination...

Questions

1. Qu'est-ce que c'est que le tourisme d'affaires ?
2. Expliquer le mot « forfait » dans le domaine du tourisme.
3. D'après vous, quels sont les éléments qui encouragent les gens à voyager ?
4. Avez-vous des expériences de voyage ? Racontez votre voyage et classez-le dans une catégorie.
5. Quelle sorte de tourisme peut-il apparaître dans un futur proche ?

Dialogue I – Réservation individuelle pour un voyage

> **Situation :** Christine est dans une agence de voyages. Elle veut réserver une place dans un tour organisé pour aller à Xi'an afin de passer ses vacances.

Agent de voyages :	Bonjour, Madame. Vous désirez ?
Christine :	Oui. J'aimerais bien passer mes vacances à Xi'an.
Agent de voyages :	Aucun problème. Nous offrons un circuit le long de la Route de la Soie.
Christine :	Y a-t-il un groupe dans lequel je puisse m'inscrire ?
Agent de voyages :	Oui. Il y a un groupe qui part la semaine prochaine.
Christine :	Le voyage dure combien de jours ?
Agent de voyages :	11 jours.
Christine :	Parfait. J'ai 20 jours de congé.
Agent de voyages :	Nous allons visiter 15 endroits. La plupart d'entre eux sont autour de la Route de la Soie.
Christine :	Où allons-nous nous loger ? Chez l'habitant ?
Agent de voyages :	Non, Madame. Nous allons réserver des chambres d'hôtels pour le groupe.
Christine :	Quel est le prix pour ce forfait ?
Agent de voyages :	2 500 Yuans, tout est inclus, billets d'avion, guide, hôtel et repas.
Christine :	Y a-t-il des réductions ?
Agent de voyages :	Il n'y a des réductions que pour les enfants de moins de six ans accompagnés d'un adulte.
Christine :	Bon. Je voudrais bien réserver une place, pour un adulte, dans ce groupe. Qu'est-ce qu'il faut faire ?
Agent de voyages :	Veuillez remplir ce formulaire et signer ici. Il vous faut payer un acompte aujourd'hui, s'il vous plaît, Madame.
Christine :	Voilà. C'est fait.
Agent de voyages :	Souhaitez-vous souscrire à une assurance d'annulation ?
Christine :	Non, merci !
Agent de voyages :	Voici vos documents, la date et l'heure de départ sont indiquées ici. Vous recevrez par la poste un courrier pour régler la totalité du voyage dans quelques jours. Je vous souhaite un bon voyage. Au revoir.
Christine :	Merci beaucoup, au revoir.

Dialogue II – Réservation pour un groupe

> **Situation :** Monsieur Alex Dumont téléphone à l'Agence *Joyeux Voyage* pour réserver des places pour son groupe. Julia, agent de voyages, lui donne des informations et l'aide à faire les réservations.

Julia :	*Joyeux Voyage*, bonjour. Puis-je vous aider ?
M. Dumont :	Oui. C'est Alex Dumont de la part de la Compagnie Samda. Je voudrais réserver des places pour un groupe.
Julia :	Bonjour, M. Dumont. Je suis ravie de vous offrir nos services. C'est un groupe de combien de personnes ?
M. Dumont :	30.
Julia :	Quelles sortes d'activités désirez-vous ? Est-ce que vous avez lu la lettre de proposition que nous vous avons envoyée ?
M. Dumont :	Oui, mais nous hésitons entre Yangzhou et Suzhou.
Julia :	Je vous propose Yangzhou. Le paysage y est beau, surtout en avril. C'est justement le meilleur moment pour y aller. La ville est fleurie maintenant, c'est magnifique.
M. Dumont :	Excellente idée. Alors, c'est décidé, Yangzhou !
Julia :	Très bien. Vous partirez de l'aéroport de Beijing à 9h30 du matin et arriverez à Shanghai à 11h15. Puis, un autocar vous amènera directement à Yangzhou, jusqu'à l'hôtel. Le trajet dure une heure. Ça vous va ?
M. Dumont :	Très bien. Est-ce que vous pouvez aussi nous aider à réserver l'hôtel ?
Julia :	Bien sûr. Pour combien de nuits exactement ?
M. Dumont :	Du 16 au 19 avril.
Julia :	Trois nuits. Bien. Est-ce que vous aurez besoin d'un guide ?
M. Dumont :	Oui, ce serait mieux. Et il faudrait que ce guide soit bilingue, chinois et anglais.
Julia :	D'accord. Bon, M. Dumont, vous avez réservé un voyage de 4 jours et 3 nuits avec guide pour un groupe de 30 personnes. Vous arriverez à Yangzhou le jeudi 16 avril et partirez le 19. Je vous enverrai une lettre de confirmation en vous indiquant l'adresse de l'hôtel.
M. Dumont :	Très bien. Merci.
Julia :	Est-ce que c'est la compagnie qui couvre les frais ?
M. Dumont :	Oui. Pourriez-vous nous envoyer une facture détaillée ?
Julia :	Bien sûr. Je vous l'enverrai le plus vite possible.
M. Dumont :	Merci pour votre aide. Au revoir.
Julia :	Avec plaisir. Nous sommes toujours à votre disposition. Au revoir.

Exercice 1   Classez les produits touristiques.

Vous êtes agent de réservation chez *Joyeux Voyage*. Voici huit nouveaux produits touristiques proposés par *Joyeux Voyage*.

① Les bienfaits de la mer en Tunisie, vol aller/retour 4 jours de cure de remise en forme, à partir de 850 €

② NEW YORK VOL ALLER/RETOUR + 2 NUITS HÔTEL 3* AVEC PETIT DÉJEUNER 469 €

③ CUBA VOL ALLER/RETOUR 9 JOURS/ 7 NUITS, FORMULE CLUB, À L'HÔTEL KAWAMA, 1210 €

④ TOUR DU MONT BLANC à partir de 399 € 9 jours en pension complète en juillet et août. Marchez de refuge en refuge à la rencontre de ce sommet mythique.

⑤ IRLANDE, 17 jours au départ de Cherbourg, 701 €. Découvrez l'Irlande au volant de votre voiture et à votre rythme. À chaque étape, votre chambre d'hôtel est déjà réservée

⑥ PANORAMA DE LA CHINE ETERNELLE Beijing-Suzhou-Shanghai Xi'an-Guilin- Guangzhou, Hong Kong forfait 15 jours/ 12 nuits départ de Paris, 2390 €, 15 participants minimum.

⑦ PARIS/HANOI/SAIGON A/R, MALAYSIAN AIRLINES, CLASSE AFFAIRES, 1175 €

⑧ LONDRES, EUROSTAR, BILLET AVEC RÉDUCTION DE 30% EN MAI.

Vous devez ajouter ces huit nouveaux produits sur le site internet de l'agence. Pour cela, classez-les dans les rubriques correspondantes en complétant le tableau suivant.

Produits touristiques	Rubriques					
	Billetterie	Formule	Thématique	Destination	Budget	Promo
Ex. : 1. Tunisie	×	Thalassothérapie	Mer	Afrique du Nord	Moins de 1000 €	×
2. New-York						
3. Cuba						
4. Mont-Blanc						
5. Irlande						
6. Chine						
7. Paris Hanoï Saïgon						
8. Londres						

Exercice 2   Associez les clients aux produits touristiques.

1. Parmi les huit produits de l'exercice 1, lequel pourrait intéresser les clients suivants ? Justifiez.

1) Jacques et Hélène Sonsino ont deux semaines de vacances d'été. Ils adorent la montagne et la marche à pied. Vous leur conseillez :

_____

2) Mathilde voudrait faire un week-end shopping en Angleterre, mais son budget transport est limité. Vous lui conseillez :

_____

3) Daniel et Laurence sont fatigués. Ils ont une semaine de vacances. Ils veulent se détendre, se reposer au soleil. Vous leur conseillez :

_____

4) Jean-Marie Boyer est à la retraite. Il aime découvrir de nouveaux pays en voyage organisé. Il s'intéresse à l'histoire. Vous lui conseillez :

_____

5) L'entreprise d'import-export Benedek veut envoyer un agent commercial au Vietnam. Vous lui conseillez :

_____

6) Chloé et Fabien ont quatre jours de vacances en septembre et un budget de 1000 euros. Ils ont envie de découvrir une grande ville. Vous leur conseillez :

_____

2. Vous êtes agent de voyages. Choisissez une des six situations présentées ci-dessus, jouez en deux le dialogue pour conseiller à votre client ce produit touristique.

Exercice 3　Associez les noms des formules aux contenus de voyage.

Un client a du mal à comprendre les formules sur le site de *Joyeux Voyage*. Vous allez lui expliquer. Retrouvez la formule de voyage dans la liste suivante : *autotour, cure de thalassothérapie, circuit organisé, croisière, excursion, randonnée*.

1. Parcourez les mers à bord de nos paquebots confortables. Vous serez enchanté(e) par l'ambiance à bord et la qualité des services proposés : _____.
2. Vous exigez une organisation parfaite ? *Joyeux Voyage* s'occupe de tout : itinéraire, hébergement, transports et excursions avec un guide local. Une formule confortable pour s'enrichir : _____.
3. Faites-vous plaisir, partez pour un séjour de remise en forme au bord de la mer ! Tous nos centres sont sélectionnés pour la qualité de leurs soins et installations : _____.
4. Vous aimez la marche, l'aventure et les grands espaces ? Seul, en couple, en famille ou entre amis, marcheur débutant ou expérimenté, vous trouverez dans notre sélection la destination de vos rêves : _____.
5. Offrez-vous une escapade d'une journée à la découverte d'une région proche de Paris : _____.
6. Voyagez et découvrez à votre rythme, au volant de votre voiture, la destination de votre choix. Et à chaque étape, nous avons réservé votre hôtel : _____.

Partie 4
Présentation de lieux touristiques chinois

1.　导游词概述之二

　　有针对性。导游词不是以一代百、千篇一律的。它必须从实际以发，因人、因时而异，要有的放矢，即根据不同的游客以及当时的情绪和周围的环境进行适当调整。切忌不顾游客千差万别，导游词仅一篇的现象。编写导游词一般应有假设对象，这样才能有针对性。

　　突出趣味性。为了突出导游词的趣味性，必须注意以下六个方面的问题：

　　（1）编织故事情节。讲解景点时，要不失时机地穿插趣味盎然的传说和民间故事，以激起游客的兴趣和好奇心。但是，选用的传说故事必须是健康的，并能与景观密切相连。

　　（2）语言生动形象，用词丰富多变。主动、形象的语言能将游客带入意境，给他们留下深刻的印象。

　　（3）恰当地运用修辞方法。在导游词中，恰当地运用比喻、比拟、夸张、象征等手法，可使静止的景观深化为生动鲜活的画面，揭示出事物的内在美，使游客沉浸陶醉。

（4）幽默风趣的蕴味。幽默风趣是导游词艺术性的重要体现，可使其锦上添花，气氛轻松。

（5）情感亲切。导游词的语言应是文明、友好和富有人情味的语言，应言之有情，让游客赏心悦耳、倍感亲切温暖。

（6）随机应变，临场发挥。一篇成功的导游词不仅能体现导游的渊博学识，也能反映其应变的技能与技巧。

2. 导游词样例：泰山

Le Mont Tai[1]

Mesdames, Messieurs,

Je suis content(e) de vous accompagner pour cette randonnée pédestre sur le Mont Tai. Depuis 1987, le Mont Tai est classé au patrimoine mondial de l'Unesco. Bien qu'il ne soit pas le plus haut, il mesure seulement 1 545 m de haut, il est la plus connue des cinq montagnes sacrées de la Chine. On le nomme le Mont de l'Est, associé à l'aurore, à la naissance et au renouveau. Il est devenu un objet de culte impérial pendant près de deux millénaires. C'est un chef-d'œuvre artistique en parfaite harmonie avec la nature environnante, c'est une source d'inspiration pour les artistes et les lettrés chinois et le symbole même des civilisations et des croyances de la Chine ancienne. Pourquoi le décrit-on ainsi ? Voici l'explication.

Les pratiques religieuses autour du Mont Tai ont duré environ 3 000 ans, depuis la dynastie des Shang jusqu'à la dynastie des Qing. Au fur et à mesure, un culte impérial officiel est établi et le Mont Tai est devenu l'un des principaux lieux où l'empereur rendait hommage au Ciel (sur le sommet) et à la Terre (au pied de la montagne) lors de sacrifices, nommés « Fengshan »[2] en chinois. En 219 av. J.-C., l'empereur Qin Shi Huang, le premier empereur de la Chine, a présidé une cérémonie au sommet de la montagne et a proclamé l'unité de son empire sur une inscription célèbre. D'autres empereurs, par la suite, ont honoré le lieu par de nombreuses visites et inscriptions, en particulier Kangxi et Qianlong. Ils ont présidé de grandes cérémonies de sacrifices au sommet. Au total, il y a eu 72 empereurs qui sont venus ici pour pratiquer leur culte. Beaucoup d'écrivains ont laissé des inscriptions aussi. Ainsi, le Mont Tai a reçu la réputation de

---

① 泰山，又称岱山、岱宗或岱岳，与衡山、恒山、华山、嵩山并称五岳。泰山位于山东中部，泰安境内。泰山山势雄奇，景色秀美，居五岳之首。

② 封禅是一种祭祀仪式，是中国古代帝王在五岳中的中岳嵩山和东岳泰山上举行的祭祀天地神祇的一种宗教活动，其中以在泰山举行封禅仪式的次数最多，影响最大。

« musée naturel d'histoire et d'art ».

Bien, en face de nous, vous pouvez voir le Temple Dai[1], le temple le plus connu du Mont Tai. C'est le premier arrêt pour les pèlerins sur le chemin vers la montagne sacrée. On a commencé à construire le temple pendant la dynastie des Qin et on l'a élargi et restauré pendant les dynasties des Jin, Yuan, Ming et Qing. Il est devenu ainsi le grand groupe de bâtiments que vous voyez maintenant. Quand vous le verrez de loin, vous serez étonnés par sa splendeur et ses dimensions. Mais quand vous le verrez de près, vous serez impressionnés par sa délicatesse et sa finesse. Ici, on a gardé aussi de nombreux ouvrages anciens sur le taoïsme et des centaines de stèles de pierre gravées de vers célèbres, de prières des empereurs, d'intercessions destinées au « plus haut empereur céleste » afin qu'il protège le pays des tremblements de terre, des inondations et de la sécheresse.

Entrez avec moi. Voici le Palais Tiankuang, cela veut dire « le Palais du Don du Ciel ». Vous voyez la grande fresque qui couvre tous les murs ? Elle fait 3 m de haut et 62 m de large, son nom est « le Dieu du Mont Tai à l'inspection ». Elle montre la grandeur du retour du Dieu du Mont Tai après une sortie. En effet, la fresque reflète ce qui s'est réellement passé quand l'empereur Zhenzong de la dynastie des Song a choisi le Mont Tai pour célébrer son culte.

Après avoir visité le Temple Dai, nous allons monter sur le Mont Tai. Il y a trois chemins pour y accéder. Nous allons prendre le chemin du milieu, c'est le chemin le plus traditionnel. Nous allons franchir la Porte Rouge, la Porte Céleste du Milieu, la Porte Céleste du Sud et arriver au Sommet de l'Empereur de Jade. Pendant le trajet, nous allons voir le Temple de la Porte rouge (Hongmen Gong), la Tour des Dix Mille Immortels (Wanxian Lou), le Temple de la Déesse de la grande Ourse (Doumu Gong), le Vallon du Sûtra de Pierre (Shijing Yu), c'est là que le Soutra de Diamant (Jingangjing) a été gravé au VIᵉ siècle. Nous passerons aussi par le Pont des Nuages (Yunbu Qiao) et la Tour des Cinq Pins (Wudafu Song) nommée ainsi par le premier empereur Qin Shi Huang. Je vous raconterai son histoire quand nous y serons. Et je vous montrerai tous ces sites au cours de la visite.

Le trajet fait 9,5 km et a plus de 7 000 marches. Il faut 5 ou 6 heures pour les grimper. Bien sûr, nous ferons des pauses de temps en temps. S'il y a un problème ou si le groupe marche trop vite pour vous, n'hésitez pas à me faire signe, nous pourrons nous reposer.

Êtes-vous prêts à admirer le Mont Tai? Alors, on y va.

---

① 岱庙又称东岳庙、泰庙，位于泰山南麓，泰安市境内，是古代帝王奉祀泰山神、举行祭祀大典的场所。

Vocabulaire

une randonnée pédestre		远足
le patrimoine mondial		世界遗产
l'Unesco		联合国教科文组织
culte	*n.m.*	(对上帝、神、圣人等的)崇拜；宗教信仰
lettré,e	*n./adj.*	文人；博学的
pèlerin	*n.m.*	朝圣者
taoïsme	*n.m.*	道教，道家学说
fresque	*n.f.*	壁画；壁画法

Noms propres

les cinq montagnes sacrées	五岳
le Temple Dai	岱庙
le Palais du Don du Ciel	天贶殿
le Dieu du Mont Tai à l'inspection	泰山神启跸回銮图
la Porte Rouge	红门
la Porte Céleste du Milieu	中天门
la Porte Céleste du Sud	南天门
le Sommet de l'Empereur de Jade	玉皇顶
le Temple de la Porte rouge	红门宫
la Tour des Dix Mille Immortels	万仙楼
le Temple de la Déesse de la grande Ourse	斗母宫
le Vallon du Sûtra de Pierre	石经峪
le Soutra de Diamant	金刚经
le Pont des Nuages	云步桥
la Tour des Cinq Pins	五大夫松

Sujets de réflexion

Choisissez un des sujets ci-dessous et faites un court exposé.

1. Présentez une des cinq montagnes sacrées de la Chine.
2. Il y a beaucoup de mythes et légendes au sujet du Mont Tai. Choisissez-en un et racontez-le.
3. En Chine, les montagnes sacrées sont toujours liées aux religions. Présentez les religions qui sont en relation avec le Mont Tai.
4. Présentez la faune et la flore du Mont Tai.
5. Quelles sont les caractéristiques géologiques du Mont Tai ?

LEÇON 3

Métiers du tourisme

En Occident, de nombreux métiers différents interviennent dans la conception et la vente d'un séjour touristique. On peut les classer en deux catégories : le personnel sédentaire et le personnel itinérant :

● Le personnel sédentaire

✔ Le personnel de direction des agences de voyages
- **Le chef d'agence** est chargé du bon fonctionnement commercial et technique d'une agence de voyages. Il doit posséder une formation spécialisée et une expérience professionnelle.
- **Le chef de comptoir** dirige un service dans une agence de voyages et donne des instructions à ses collaborateurs.

✔ Le personnel d'exécution des agences
- **L'agent vendeur** conseille la clientèle et lui fournit tous les renseignements concernant les titres de transport et les diverses réservations.
- **Le forfaitiste** organise des circuits de voyages et s'occupe de toutes les réservations nécessaires pour que le séjour se déroule dans de bonnes conditions.
- **Le prospecteur** s'occupe de la vente et de la promotion des produits d'une agence de voyages.

✔ Le personnel des syndicats d'initiative et des offices de tourisme
Comme ces organismes dépendent largement des villes (taille, localisation, histoire, spécialité…) et de l'organisation du « service de promotion touristique », il est difficile d'établir un organigramme du personnel. Dans de grands bureaux, on peut néanmoins s'attendre à trouver un personnel spécialisé dans :
- la promotion ;
- la distribution ;
- la fonction d'intermédiaire entre agences de voyages et tour-opérateurs ;
- les services d'information, de réservation, etc.

Vocabulaire

forfaitiste *n.m.* 负责制订包团旅游项目内容的专员

se dérouler *v.pr.* 发生，进行

prospecteur, trice *n.* 市场开发专员

organigramme *n.m.* 组织机构图，流程图

● Le personnel itinérant

✔ **le courrier** et **l'accompagnateur** sont les représentants d'une agence de voyages, chargés d'accompagner un groupe de touristes du départ à l'arrivée et de veiller au bon déroulement du programme.

✔ **Le guide interprète** doit présenter les curiosités touristiques et répondre aux questions posées. Un travail exigeant lui demande de parler au moins une sinon deux ou trois langues étrangères.

✔ **L'animateur de tourisme** est chargé d'organiser et d'animer les activités de loisirs, afin de créer une ambiance de détente. L'animateur peut être employé par un syndicat d'initiative, une agence de voyages, un club de vacances ou même un grand hôtel (animateur sportif).

Voici le schéma des métiers concernés :

LES COMPOSANTES D'UN SÉJOUR TOURISTIQUE

Le transport
Un loueur de voitures
· un agent commercial
Un auto cariste
· un chauffeur
· un guide accompagnateur
Une compagnie aérienne / ferroviaire / martime / fluviale
· une hôtesse de l'air, un steward
L'hébergement
Un hôtel
· un hôtelier
· un réceptionnaire ou réceptionniste
· un agent de réservation
La restauration
Un restaurant
· un restaurateur
· un serveur
L'animation
Un monument, un musée
· un guide
Un village de vacances
· un animateur
· un moniteur sportif
L'assurance assistance
Une compagnie d'assurance assistance
· un chargé d'assistance

LA PROMOTION ET L'INFORMATION
Un office de tourisme
· Un agent d'accueil, Une hôtesse d'accueil
· Un chargé de promotion

L'ACCUEIL SUR PLACE
Une agence réceptive
· Un agent réceptif
· Un représentant local d'un voyagiste

La conception de séjours touristiques
Une agence de voyages productrice, un tour-opérateur, un voyagiste
· un chef de produit · un forfaitiste · un commercial

La vente de séjours touristiques
Une agence de voyages distributrice
· un billettiste · un agent de comptoir · un agent de réservation · un forfaitiste vendeur

Questions

Le contenu des phrases suivantes correspond-il à la réalité ? Si non, corrigez-les.

1. Dans une agence de voyages, le moniteur renseigne sur les horaires de départ à destination de l'étranger.
2. Le commis explique au chef de rang comment mettre la table.
3. Au bistrot, l'agent de voyages sert le café avec un verre d'eau.
4. Le contrôleur contrôle la liste des arrivées et des départs et répond aux appels téléphoniques.
5. Dans un club de vacances, les animateurs sont responsables des activités sportives.

Partie 2
Dialogues

Dialogue I – Parler des points forts pour être un guide

Situation : Louis, manager de l'agence de voyages *Joyeux Voyage*, est un excellent guide. Paul est lycéen. Il souhaite devenir guide plus tard. Il a envie de discuter avec quelqu'un qui a de l'expérience. Ils se rencontrent dans un café.

Louis : Bonjour, Paul. Content de vous rencontrer.

Paul : Bonjour, merci d'avoir accepté de me voir pour répondre à mes questions.

Louis : C'est un plaisir de discuter avec des jeunes motivés et intéressés. Pourquoi voulez-vous devenir guide ?

Paul : J'ai des amis qui sont guides. Ils m'ont beaucoup parlé des avantages de ce métier.

Louis : Par exemple ?

Paul : J'aime voyager. Maintenant, j'aimerais être guide local. Je resterai comme ça dans ma région et présenterai des sites touristiques. Au bout de quelques années, quand je deviendrai guide national ou même international, je pourrais aller partout en accompagnant un groupe de touristes. Ce sera amusant. Surtout, ce sera gratuit.

Louis : Oui, tous les frais du guide pendant le voyage, comme l'hôtel et les repas, sont couverts par l'agence de voyages. Mais si vous allez toujours aux mêmes endroits, vous apprécierez cela, vous qui aimez voyager ?

Paul : Oui, parce que j'aime faire connaissance avec les autres. Aux mêmes endroits, les touristes sont différents chaque fois. En tant que guide, je pourrai connaître des touristes qui viennent de tous les coins du monde.

Louis : Comme il y a une variété de touristes, il peut arriver des conflits ou des cas d'urgence. Ce n'est pas toujours facile de gérer un groupe.

Paul : Oui, je sais. Enfin j'en ai entendu parler. Mais je pense que c'est un autre point fort du métier. Ça va m'aider à être plus à l'aise pour communiquer avec les gens.

Louis : Vous avez aussi de la flexibilité dans le travail.

Paul : Oui. J'imagine qu'en été et pendant les vacances, on travaille dur, mais après, on a la basse saison pour se détendre, non ?

Louis : Oui, en effet. En tout cas je suis content de voir que le métier vous fascine. Il faut de l'enthousiasme dans ce travail.

Dialogue II – Le revers de la médaille

Situation : Suite du dialogue I. Paul ne voit que les avantages au métier de guide. Mais Louis lui parle aussi des inconvénients de sa profession.

Louis : Beaucoup de gens pensent qu'être guide est un métier agréable. Il permet de voyager et de rencontrer pas mal de gens, comme vous l'avez dit tout à l'heure. Mais on ne se rend pas compte que c'est aussi un métier exigeant.

Paul : Il y a beaucoup de difficultés ?

Louis : Bien sûr. On est obligé de travailler longtemps. Par exemple, quand l'avion ou le train arrive très tard en pleine nuit, on est obligé de rester éveillé et d'attendre les touristes à l'aéroport ou à la gare. Pendant tout le voyage, c'est vous qui coordonnez toutes les parties. Ça veut dire que l'on doit se lever tôt et se coucher tard.

Paul : On a besoin d'être en bonne santé alors.

Louis : Tout à fait. On marche beaucoup. La plupart du temps, on est dehors. On s'expose au soleil, à la pluie, au vent, etc. Et on travaille souvent sous pression.

Paul : Un voyage, c'est pour se détendre. Pourquoi y a-t-il des pressions ?

Louis : Pour les touristes, ce sont des moments de plaisir. Mais le guide doit s'assurer que tout le voyage se déroule selon l'itinéraire et qu'il n'y a pas d'erreurs dans les réservations pour l'hébergement, les restaurants, le transport, les visites, etc. Le travail n'est pas facile, surtout dans une ville comme Beijing, où il y a des embouteillages partout. Il n'est pas facile de réussir à respecter tous les horaires à la lettre.

Paul : Je n'ai jamais pensé à cela. Est-ce que vous vous êtes senti fatigué quelquefois ?

Louis : Oui, parfois, je me suis coupé en quatre, et je ne pouvais quand même pas satisfaire tout le monde. J'ai eu parfois aussi des moments de doutes. On voyage toujours. On passe plus de 200 nuits par an dans de nombreux hôtels. On est loin de sa famille. À l'occasion des fêtes, quand j'étais à l'étranger, j'avais le mal du pays. Pas au début, quand j'étais jeune et avide de découvertes, mais quand j'ai eu une famille et des enfants et que mes parents vieillissaient, parfois j'avais moins envie de partir.

Paul : Merci de m'avoir prévenu des difficultés. D'ailleurs, j'ai entendu dire qu'il y a beaucoup de guides. Est-ce vrai que l'offre est supérieure à la demande sur le marché du travail ?

Louis : Oui, c'est vrai. Il y a de la concurrence dans ce métier. Il faut travailler fort et se perfectionner continuellement.

Paul : Je n'avais pas pensé à ça. Merci beaucoup.

Louis : De rien. Bon courage pour vos études !

Paul : Merci encore, au revoir !

Partie 3
Façon de s'exprimer

Exercice 1   Que font-ils ?

Identifiez le métier à partir des domaines, des lieux et des activités mentionnés.

guide   *sommelier*   *hôtesse de l'air*   *concierge*
garçon   *moniteur*   *animateur*   *loueur*
réceptionniste   *chef cuisinier / chef* *gouvernante*   *contrôleur*
employé d'un OT (office de tourisme) ou d'un SI (syndicat d'initiative)
agent de comptoir / de voyages

Domaine d'activité	Lieu	Activité(s)	Métier
restauration	restaurant	accueille et conseille les clients, surveille le service	maître d'hôtel
	restaurant	conseille les clients sur les vins et les boissons qui accompagnent les plats choisis	1. _____
	cuisine	est responsable de sa brigade	2. _____
	bar	sert les boissons aux clients	3. _____
hébergement	réception	accueille les clients, se charge des réservations, présente la note	4. _____
	étage	est en contact avec les clients et veille à la propreté des chambres	5. _____
	hall de l'hôtel	accueille, renseigne et aide les clients	6. _____
transport	train	vérifie les billets et les réservations	7. _____
	agence de location	s'occupe de la location de voitures	8. _____
	avion	s'occupe du bien-être des passagers pendant le vol	9. _____

	club de vacances	organise des jeux	10. _____
	agence de voyages	renseigne sur des voyages et les vend	11. _____
	terrain de sport	apprend à pratiquer un sport	12. _____
animation	syndicat d'initiative	renseigne sur les activités touristiques en ville	13. _____
	en route et à destination	explique et commente un itinéraire, fait découvrir les curiosités d'une ville	14. _____

Exercice 2

1. Complétez les phrases avec le verbe qui convient.

servir	*apprendre*	*s'occuper*	*conseiller*	*renseigner*
surveiller	*organiser*	*prendre*	*diriger*	

1) Les serveurs _____ les clients au bar.

2) Les moniteurs _____ à pratiquer un sport aux touristes sportifs.

3) Dans le hall d'un grand hôtel, vous trouvez un concierge qui _____ des clients.

4) Si vous avez des questions sur des monuments, les guides vous _____.

5) Le Club Méditerranée (Club Med) est réputé pour ses animateurs qui _____ de nombreux jeux.

6) Dans un bon restaurant, le sommelier _____ les clients sur les vins.

7) Le réceptionniste _____ aussi les réservations.

8) C'est au maître d'hôtel de _____ le service dans son restaurant.

9) Une gouvernante _____ la propreté d'un hôtel mais elle est aussi en contact avec les clients.

10) Le chef de cuisine _____ sa brigade.

2. Construisez une phrase décrivant chacun des métiers suivants.

1) L'animateur			accueil		voitures ou motos.
2) Le guide			apprentissage		vins.
3) La gouvernante	se charge/	du	explication	du	sports pour les clients.
4) Le moniteur	est res-	de la	location	de la	propreté d'un hôtel.
5) Le réceptionniste	ponsable/	de l'	organisation	de l'	plats et boissons.
6) Le maître d'hôtel	s'occupe	des	recommandation	des	jeux pour les enfants
7) Le loueur			service		curiosités.
8) Le sommelier			surveillance		clients.

Exercice 3

À l'aide des définitions, retrouvez les métiers qui vous permettront de découvrir le « métier mystère ». Une fois le « métier mystère » trouvé, définissez-le en quelques mots.

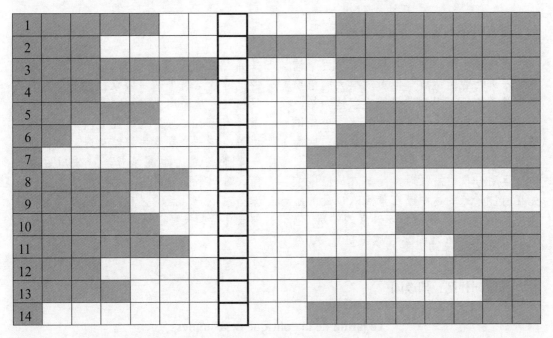

1. Prend les commandes au café, au restaurant, sert les boissons et les plats, encaisse.
2. Fait découvrir une ville avec ses curiosités aux touristes.
3. Est responsable de sa brigade et de la satisfaction des clients.
4. Range les chambres d'hôtel (en 3 mots).
5. Travaille dans un bureau d'OT, donne des informations aux clients, fournit des documents.
6. S'occupe du programme d'activités dans un club.
7. Recommande les boissons et les vins pour accompagner les plats dans un restaurant.
8. Est responsable de la propreté des chambres et du bien-être des clients dans un hôtel.
9. Vend des voyages (en 3 mots)
10. Apprend un sport à quelqu'un.
11. À l'entière responsabilité d'un hôtel.
12. S'occupe du bien-être des passagers dans un avion.
13. Accueille les clients, conseille des menus, surveille les services (en 3 mots).
14. Assure votre voyage en bus ou en taxi.

Partie 4
Présentation de lieux touristiques chinois

1. 景点讲解方法之一 分段讲解法

对比较小的、次要的景点可采用平铺直叙法进行导游讲解，但对规模大的重要景点就不能面面俱到、平铺直叙地介绍，而应采用分段讲解的方法。所谓"分段讲解法"，就是将一处大的景点分为前后衔接的若干部分，分段进行讲解。

运用分段讲解法时，导游人员应该首先在前往景点的途中或在景点入口处的示意图前概要地介绍一下该景点的情况(包括历史沿革、占地面积、欣赏价值等)，并介绍主要景观的名称，使游客对即将游览的景点有个初步印象，"先见林，再见树"，从而产生"一睹为快"的心理要求。入场后，导游人员应顺次游览、逐步讲解，在一个景点讲解结束时，略提及下一个景点，犹如说评书，"欲知后事如何，且听下回分解"，始终吸引游客，以保持对下一景点的兴趣，并能使导游的讲解一环紧扣一环，环环扣人心弦。

2. 导游词样例：拙政园

Le Jardin de la Politique des Simples[1]

Mesdames et Messieurs, nous voilà devant le jardin de la Politique des Simples, en chinois « Zhuo zheng yuan ». C'est l'un des quatre jardins les plus beaux en Chine. Pourriez-vous nommer les trois autres ? Vous en avez déjà visité deux. Oui, les trois autres jardins sont le Palais d'Été de Beijing, la Résidence mandchoue à Chengde et le Jardin Liuyuan de Suzhou.

Le Jardin de la Politique des Simples abrite des paysages d'une grande poésie. À l'origine, c'était la résidence du poète Lu Guimeng[2] de la dynastie des Tang. Au XVIe siècle, le censeur

---

① 拙政园是苏州著名园林，始建于明朝正德年间，是江南园林的代表，也是苏州园林中面积最大的古典山水园林，1997年被联合国教科文组织(Unesco)列为世界文化遗产。

② 陆龟蒙(?~881)，唐代诗人，字鲁望，自号江湖散人、甫里先生，又号天随子，苏州吴县人。曾在湖州、苏州担任地方官的幕僚，后返乡隐居耕读。

impérial Wang Xianchen[1] a démissionné et regagné son pays natal. Il a acheté ce territoire et a fait construire un jardin, pour s'éloigner de Beijing. C'est le jardin le plus vaste de Suzhou. En Europe, on parle de « jardins à la française » ou « à l'anglaise ». En Chine, nous avons les « jardins du sud-est » et ceux du nord. Les jardins du nord sont représentés par les jardins impériaux. Le jardin que nous visitons aujourd'hui fait partie de ceux du sud-est de la Chine.

Nous allons d'abord visiter la salle de la neige et de l'orchidée. Avant la visite, il vaut mieux regarder le plan du jardin afin de ne pas vous perdre. Si vous vous perdez, nous nous retrouverons à la sortie dans deux heures. Regardez le plan qui est affiché. C'est un jardin qui privilégie la perspective et la variété des paysages, sans excès décoratifs. Il se divise en trois parties : la partie Est fait une large place aux espaces gazonnés, où se trouvent la Salle de la Neige et de l'Orchidée, le Kiosque des Hibiscus, le Pavillon de la Source céleste, etc. La partie Ouest est célèbre pour son pavillon aux 36 couples de canards mandarins, sur pilotis. Il est éclairé par des vitraux aux reflets bleus. La partie Centrale est occupée par un immense lac parsemé d'îlots escarpés, entièrement fleuri au printemps et en automne.

Après avoir vu le panorama, nous allons visiter le jardin. Maintenant, face à nous, vous pouvez voir un rocher sculpté en forme de nuage, entouré par des buissons de bambous et des arbres anciens. Le grand rocher est appelé « Sommet de Zhuiyun ». Il sert à cacher les autres paysages du jardin. Ce type de construction s'appelle « vue de camouflage ». On la voit souvent dans les jardins traditionnels chinois.

Voici le Kiosque des Hibiscus, devant lequel vous voyez un étang de lotus avec un haut mur derrière. Si vous vous tenez devant le pavillon et vous vous tournez vers le côté ouest, vous verrez une entrée de forme arrondie. On peut voir le pont et l'eau en face de soi dans ce cadre rond. Cela ressemble à une peinture qui s'inscrit dans le cadre de porte. C'est une peinture de paysage merveilleux, n'est-ce pas ? Cette méthode de construction est appelée « vue d'encadre ». Vous la retrouverez souvent dans les jardins de Suzhou.

Nous allons maintenant au Pavillon de la Source céleste, « le Pavillon Tianquan » en chinois. Il est très beau à contempler car il est situé au milieu d'une pelouse verte sous un ciel parsemé de quelques nuages blancs. Il y a deux avant-toits sur chacun des huit côtés du pavillon. À propos, selon vous, combien d'étages y a-t-il dans ce pavillon ? Il semble que le pavillon ait deux étages quand on le regarde de l'extérieur, mais en fait, il comprend un seul étage comme on peut le voir à l'intérieur. Quand vous regardez le Pavillon Tianquan qui se découpe dans les nuages flottant en arrière plan, vous aurez l'impression que tout le pavillon est dans le ciel.

[...]

---

① 王献臣，明朝官员，字敬止，号槐雨先生，苏州吴县人。明弘治六年 (1493) 进士，历任行人、巡查御史，因执法耿直得罪东厂宦官，被诬获刑，贬为岭南都许驿丞。正德元年 (1506) 起复，先后获任上杭县丞、永嘉知县。正德四年 (1509) 以高州府通判致仕，返乡修建拙政园。

Vocabulaire

censeur	*n.m.*	监察官，审查官
orchidée	*n.f.*	兰花
décoratif, ve	*adj.*	装饰的，装饰性的
gazonné, e	*adj.*	长满青草的
kiosque	*n.m.*	凉亭，亭子
pilotis	*n.m.*	桩基，亭柱
parsemer	*v.t.*	撒，布满
buisson	*n.m.*	灌木丛
camouflage	*n.m.*	掩盖，掩饰
arrondi, e	*adj.*	圆形的
avant-toit	*n.m.*	屋檐，伸檐
se découper	*v.pr.*	显现

Noms propres

le Jardin de la Politique des simples	拙政园
le Palais d'Été	颐和园
la Résidence mandchoue à Chengde	承德避暑山庄
le Jardin Liuyuan	留园
la Salle de la Neige et de l'Orchidée	兰雪堂
le Kiosque des Hibiscus	芙蓉榭
le Pavillon de la Source céleste	天泉亭
le Sommet de Zhuiyun	缀云峰

Sujets de réflexion

Choisissez un des sujets ci-dessous et faites un court exposé.

1. Présentez les différences entre les jardins du sud-est de la Chine et ceux du nord.
2. Le Sommet de Zhuiyun sert à cacher les autres paysages du jardin. Présentez les caractéristiques de ce type de construction.
3. De quel type architectural vient la méthode de construction « vue d'encadre » ?
4. Rédiger un plan pour visiter un jardin du sud-est de la Chine.

LEÇON 4

Différents guides

La classification des guides en France et celle en Chine sont différentes. Par exemple, en France, on divise ceux qui accompagnent un groupe de touristes en trois métiers distincts : le guide accompagnateur, le guide interprète et l'animateur.

En France

● Guide accompagnateur

Le guide accompagnateur est présent pour accueillir les voyageurs sur le lieu de départ du voyage où il s'assure qu'ils ont rempli les formalités nécessaires (visas, vaccins...). Il participe aux procédures d'embarquement.

Le guide accompagnateur travaille pour une agence ou un organisateur de voyages selon un rythme souvent saisonnier. Cela exige de prêter une extrême attention aux offres d'accompagnement faites par les agences pour la majorité des accompagnateurs qui sont payés à la prestation, c'est-à-dire, en fonction du nombre de voyage, ses revenus pouvant donc être très fluctuants d'une saison à l'autre. Ces conditions le contraignent souvent à occuper une activité en parallèle. Une grande disponibilité personnelle est évidemment exigée.

Son quotidien consiste à faciliter la vie des voyageurs. Il résout les différents problèmes rencontrés, comme la prise en charge de l'hébergement des clients lorsqu'un vol est repoussé. À l'arrivée, il facilite les formalités d'entrée dans le pays et veille au respect des prestations écrites dans les contrats. Dans les hôtels, l'accompagnateur doit, en cas de litige, tenir compte

> **Vocabulaire**
>
> formalité *n.f.* 手续，程序
> procédure *n.f.* 过程
> saisonnier *adj.* 季节的(随季节变化的)
> contraindre *v.t.* 强制，强迫，迫使
> parallèle *adj. / n.* 平行的；平行

des intérêts des clients, tout en défendant ceux de l'agence dont il dépend.

● Guide interprète

Le guide interprète est chargé de l'accueil des touristes français et étrangers pour des visites de monuments, de musées, de sites historiques ou régionaux. On distingue deux sortes de guides interprètes : le guide interprète national et le guide interprète régional.

Chaque visite nécessite de sa part une préparation assez poussée. Avant de partir, le guide doit faire des recherches, lire des ouvrages sur le sujet, s'approprier des plans et des itinéraires… Mais c'est aussi un travail de relations publiques avec les responsables ou propriétaires des sites pour obtenir les autorisations nécessaires. Certaines excursions sont en effet à élaborer de toutes pièces en fonction d'un public spécifique.

Pendant la visite, le guide interprète doit s'adapter aux intérêts de son public, respecter les contraintes de temps et parfois, à l'issue de la visite, animer un débat. Dans le cas d'excursions ou de circuits de plusieurs jours, le guide interprète peut être amené à veiller à l'organisation matérielle : hôtellerie, restauration..., il est alors aussi guide accompagnateur.

La fonction du guide peut s'exercer dans le cadre d'entreprises de tourisme (agences de voyages, office de tourisme...), d'organismes culturels (musées, châteaux...) ou de façon indépendante.

Le guide interprète vit au rythme des saisons touristiques, sa disponibilité doit être totale et les rentrées financières ne sont pas toujours régulières. En plus de son sens du contact, il doit avoir l'esprit commercial pour entreprendre des démarches auprès d'éventuels employeurs.

● Animateur de club de vacances

L'animateur de club de vacances prend en charge les vacanciers durant leur séjour. Il est là pour faire oublier les soucis des clients. Il s'occuper de tout. Avec son sens du contact, l'animateur est capable de mettre de l'ambiance, d'encadrer et d'accompagner les groupes lors des sorties, d'animer un dîner ou de « chauffer » la piste de danse. On distingue parfois l'animateur sportif de l'animateur généraliste.

Dans un village de vacances, un hôtel club, une station verte, un parc de loisir, à la plage ou à la neige, en France ou à l'étranger : sourire aux lèvres, un animateur travaille en permanence. Sa disponibilité est pratiquement totale. Il a tout au plus un jour de repos par semaine. Quel que soit son statut, il a généralement plusieurs tâches à accomplir du matin au soir : préparer un spectacle, avec l'organisation des cours de danse ou de la gymnastique aquatique de l'après-midi. L'animateur est polyvalent avec le même credo : la satisfaction du client, en lui évitant tout souci. Il est aussi le lien avec le personnel admi-

> **Vocabulaire**
>
> itinéraire *n.m.* 线路，旅程
> démarche *n.f.* 方法，打交道
> éventuel *adj.* 可能的
> permanence *n.f.* 永久，连续

nistratif. Côtoyant une clientèle internationale, il parle une ou plusieurs langues étrangères.

L'animateur généraliste, touche-à-tout et généreux, a un vrai talent d'organisateur. Il lui est de plus en plus demandé d'avoir une petite spécificité technique, artistique ou sportive. L'animateur sportif, quant à lui, est d'abord recruté pour ses compétences sportives, même si le facteur humain est bien aussi pris en compte pour le recrutement.

🔊 En Chine

On distingue quatre sortes de guides : le guide international, le guide national, le guide local et le guide de lieu touristique.

Expliquons leurs différences et leurs rôles à travers un exemple : un groupe français vient visiter la Chine. Il est guidé par un guide international de Paris à Beijing. À destination, ces touristes rencontrent le guide national qui les accompagnera dans toute la Chine et le guide régional de Beijing qui leur montrera la ville de Beijing. Quand ils visitent le Temple des Lamas, ce sera le guide de lieu touristique qui leur donnera des explications et fera la traduction.

Alors le guide international, qui représente l'agence de voyages émettrice française, joue le rôle de guide transnational et représente le groupe. Il coordonne, avec les agences émettrice et réceptrice, l'organisation de toutes les activités, dirige le groupe et assiste le guide local et le guide de lieu. S'il s'agit d'un groupe de touristes chinois, le guide international sera évidemment absent. C'est le guide national qui combinera et exercera le rôle du guide international en plus de ses fonctions habituelles, c'est-à-dire qu'il endossera le rôle de représentant, coordinateur et organisateur.

Un guide national voyage avec le groupe dans toute la Chine afin de s'assurer que l'itinéraire est bien respecté. De plus, il s'occupe des aspects techniques et coordonne toutes les activités du groupe : il interagit initialement avec le guide international et le guide local ; il gère l'acheminement des bagages, il distribue les chambres d'hôtel, les couchettes d'un train ou d'un bateau, il s'occupe des billets de transport, des passeports, des visas, de l'enregistrement, des repas, des problèmes de santé et d'autres besoins spéciaux.

Un groupe français peut rencontrer plusieurs guides locaux pendant un voyage en Chine. Le guide local travaille dans la même ville ou la même province que son agence de voyages. Il travaille en suivant un itinéraire déterminé, offre le logement et le repas choisi, et assure des informations et instructions pendant l'itinéraire. Il coopère avec le responsable du groupe et le guide national.

Quand ils visitent certains lieux touristiques, les touristes auront un guide de lieu qui travaille exclusivement dans ce site, donne des explications et répond aux questions posées au sujet de la culture, de l'histoire, de l'art, de la société, etc. S'il n'y a pas de guide de lieu sur le site touristique, c'est alors le guide local qui va guider le groupe et présenter le site.

Vocabulaire

polyvalent *adj.* 通用的，多方面的

credo *n.m.* [期]信经；[天主]信经祈祷；信条

côtoyer *v.t.* 接近，触及

le Temple des Lamas 雍和宫

transnational *adj.* 跨国的

Questions

1. Quelles sont les différences entre un guide accompagnateur et un guide interprète ?
2. Quels sont les rôles des animateurs ? Est-ce qu'il existe un métier équivalent en Chine ?
3. Quels sont les rôles d'un manager de groupe ?
4. Quelles sont les différences entre un guide national et un guide local ?
5. Imaginez, un groupe chinois va voyager en France. Qu'est-ce qui se passera ? Quels guides rencontrera-t-il ? Quelles sont les responsabilités de ces professionnels du tourisme ?

Partie 2
Dialogues

Dialogue I - Répondre à une demande (1)

> **Situation :** Danielle Martin est employée de l'agence *Joyeux Voyage*. Elle répond par téléphone aux questions posées par son client.

Danielle : *Joyeux Voyage*, Bonjour. Danielle Martin est en ligne. Que puis-je faire pour vous ?

Le client : Bonjour, Madame Martin, j'ai réservé un voyage pour ma famille ce matin dans votre agence, je ne sais pas si vous vous souvenez de moi, je suis Monsieur Renoir. Je souhaiterais vous poser plusieurs questions, s'il vous plaît.

Danielle : Pas de problème, Monsieur Renoir, je vous écoute.

Le client : Merci. Que se passe-t-il si j'annule mes billets ?

Danielle : Ah, si vous annulez une réservation, il faut nous prévenir dès que possible. Dans certains cas, lorsque les conditions tarifaires du billet le permettent et que vous n'avez pas commencé votre voyage, vous pouvez être remboursé. Mais nous ne pourrons pas vous garantir que ce sera le cas pour les billets au tarif économique. Enfin, pour savoir si vos billets peuvent être remboursés, vous devez nous écrire à l'adresse que je vais vous donner : joyeuxvoyage.@gmail.fr. Vous pouvez également nous appeler 24 heures sur 24 au 08 25 28 90 94 en indiquant le numéro de référence de votre réservation.

Le client : Et mes billets...Comment seront-ils remboursés ?

Danielle : À partir du moment où notre service clients vous confirme que vos billets sont remboursables, vous devez nous les envoyer avant la date limite indiquée. Je vais vous donner l'adresse. Vous avez de quoi noter ? *Joyeux Voyage* – BP 9472 – 75992 Paris CEDEX. Une fois les billets reçus, nous vous enverrons un courriel en vous indiquant le montant crédité sur le compte de votre carte de paiement. En fonction du type de billet et de la compagnie aérienne, le processus peut durer de quelques jours à quelques semaines.

Le client : Et si je veux modifier une réservation de vols ?

Danielle :	La modification de la réservation de vols dépend entièrement du type de billet. Vous pouvez nous appeler 24 heures sur 24 au 08 25 28 90 94 en nous donnant le plus de détails possible : le numéro de référence de votre réservation, votre nom bien sûr, la date de départ et la destination.
Le client :	Si j'ai utilisé l'allée, est-ce que je peux changer le retour ?
Danielle :	Ah, ça dépend. Mais où que vous soyez lors de votre voyage, vous pouvez nous appeler. Nous ferons de notre mieux pour vous aider à modifier votre retour...si votre billet le permet bien sûr.
Le client :	Mon enfant a 13 ans. Il peut voyager seul ?
Danielle :	Bien sûr. Vous savez, les compagnies aériennes prennent un soin particulier des mineurs. Ils doivent être accompagnés au départ par leurs parents et, à l'arrivée, seront remis à la personne indiquée par les parents. Cette personne devra bien entendu faire état de son identité. Au moment où l'on fait les formalités d'embarquement et de débarquement, et en cours de voyage, les mineurs sont sous la responsabilité du personnel de bord. Ils sont identifiés par un badge indiquant leur situation.
Le client :	C'est beaucoup plus clair pour moi. Merci beaucoup. Au revoir.
Danielle :	Au revoir Monsieur, bon après-midi.

Dialogue II – Répondre à une demande (2)

Situation : Éric est agent d'accueil d'un office de tourisme. Il reçoit des clients.

Un homme :	Bonjour. Je ne trouve pas la Vieille Cité. Vous pouvez m'aider, s'il vous plaît ?
Éric :	Oui, bien sûr. Tenez, voilà le plan de la ville. Vous êtes ici et la Cité se trouve là. Je vous donne en plus un plan du métro. Ça va aller ?
L'homme :	Oh oui ! Merci !
Une femme :	Bonjour, Monsieur. Je cherche un bon restaurant où on peut manger des spécialités de cette ville. Vous pouvez me renseigner ?
Éric :	Ah, bien sûr. Alors, voilà, je vous donne ce petit guide. Regardez, il y a tout ce qu'il vous faut : les restaurants de la ville, vous voyez, leur adresse, leur numéro de téléphone, la cuisine proposée et bien sûr, la fourchette des prix.
La femme :	Merci beaucoup. Bonne journée.
Éric :	Merci, à vous aussi. Au revoir.
Un jeune couple :	Pardon, Monsieur, qu'est-ce qu'il y a à faire ici, le soir ? Y a-t-il autre chose que le cinéma ?
Éric :	Mais certainement ! Regardez le programme : théâtre, concerts, variétés, soirée de jazz... Et regardez aussi cette affiche : il y a une animation sur la plage ce soir.

Une fille :	Génial. Merci.
Éric :	De rien.
Une personne âgée :	Pardon, Monsieur, l'hôtel Beauséjour, c'est quelle catégorie d'hôtel ? Et quelles sont les prestations ?
Éric :	Tenez, monsieur. Ce dépliant vous donne tous les détails : il vous renseigne sur la catégorie, les chambres, les installations de l'hôtel. Il y a même un tableau avec les prix actuels en haute et basse saison.
La personne âgée :	Merci. Vous êtes bien aimable, Monsieur.
Éric :	Bonne journée, Monsieur !
Une jeune femme :	Bonjour, Monsieur. Voilà, j'ai un collègue qui aimerait passer ses vacances d'hiver dans votre ville et... il m'a demandé de lui ramener de la documentation. Est-ce que vous pourriez me donner quelques prospectus?
Éric :	Mais volontiers. Tenez, voilà la documentation complète de notre ville avec un guide de tous les établissements d'hébergement et de restauration. Et s'il est sportif, je vous donne aussi le dépliant sur les installations sportives avec une liste des tarifs. Vous voulez un plan de la ville ?
La jeune femme :	Ah, ce serait très gentil. Merci beaucoup, Monsieur.
Éric :	De rien, bonne journée !

Partie 3
Façon de s'exprimer

Exercice 1   Classez les questions par type d'information demandée.

1. À quelle heure y a-t-il un train pour Perpignan ?
2. Où désirez-vous aller ?
3. Je voudrais savoir à combien reviendrait un séjour d'une semaine pour 4 personnes ?
4. Quand peut-on bénéficier des prix basse saison ?
5. Quels sont les buts d'excursion possibles dans un rayon de 50 km ?
6. Oui, vous désirez séjourner sur la Côte d'Azur, mais avez-vous une préférence, un lieu précis ?
7. Je voudrais savoir s'il est possible d'avoir un avion qui me permettrait d'arriver à Toulouse en fin de soirée ?
8. Il faut compter combien pour un aller-retour Paris-Francfort ?
9. Est-ce que le train pour Chartres de 12 h 57 circule tous les jours ?
10. Y a-t-il quelque chose de prévu en soirée ?
11. Offrez-vous des réductions pour les enfants de moins de 10 ans ?
12. Pouvez-vous me préciser quand ont lieu les visites guidées le dimanche ?
13. À quel endroit faut-il s'adresser pour louer un vélo ?
14. Pouvez-vous m'indiquer quand se terminera le festival ?

15. Le Club propose-t-il quelque chose en cas de mauvais temps ?

16. Pourriez-vous me dire quand votre agence est ouverte le samedi ?

17. J'aimerais savoir où je peux retirer mes billets ?

18. Quels sont vos tarifs pour une chambre double avec douche ?

19. Vous pensez rester à Font-Romeu jusqu'à quand ?

20. Que peuvent faire les enfants pendant la journée ?

	Date	Lieux	Activités	Prix	Horaires
Questions					

Exercice 2   Comment réagir ?

Associez la question ou le commentaire du touriste à la réponse ou à l'explication du guide.

Touriste 1 : J'ai horreur de la foule !

Touriste 2 : C'est un peu cher !

Touriste 3 : Vous croyez que ça vaut la peine ?

Touriste 4 : Et il faut se lever à quelle heure ?

Touriste 5 : C'était vraiment formidable !

a. Soyez-en sûr ! C'est une occasion unique.

b. C'est un très grand pianiste, vous savez, un pianiste renommé.

c. C'est vrai, c'est un peu tôt, mais...

d. Je suis content que ça vous ait plu.

e. Ne vous inquiétez pas, tout est bien organisé et c'est très calme.

Comment dire ?

Vous ne comprenez pas l'objet d'un message oral, vous pouvez dire :

- Pardon ?
- Pourriez- vous répéter, s'il vous plaît ?
- Excusez-moi, mais je n'ai pas saisi ce que vous m'avez dit...
- Je vous prie de m'excuser, je n'ai pas compris votre demande / question.

Au téléphone, vous pouvez dire :

- Je vous entends (très) mal. / Excusez-moi, je n'ai pas (bien) entendu.
- Pouvez-vous répéter ?
- Pourriez-vous parler plus fort / moins vite, s'il vous plaît ?
- Excusez-moi, mais je ne comprends pas l'espagnol.
- Vous faites erreur. / C'est une erreur. / Il y a erreur, je pense.

Exercice 3   Fournir des documents

1.   Quel est le nom de chacun des documents décrits ?

une brochure – un plan de ville – un encart – une affiche – un circuit – un guide – un programme – un horaire – un dépliant

Définitions	Documents
1) proposition d'itinéraire organisé	
2) descriptif détaillé de voyages	
3) rues et quartiers d'une ville	
4) heures d'arrivée et de départ	
5) emploi du temps et organisation de manifestations culturelles diverses	
6) annonce publicitaire publiée dans un guide, un magazine	
7) annonce publicitaire collée sur un mur, un panneau	
8) description détaillée d'une ville (hôtels, bonnes adresses...)	
9) informations sur un produit, un voyage	

Comment dire ?

Dictionnaire

Un encart : une courte annonce publicitaire publiée dans un journal, une revue pour informer sur les services d'une entreprise, ses heures d'ouverture, ses produits, ses promotions, ses « offres spéciales »...

Un dépliant : un document imprimé composé de plusieurs volets que l'on déplie, d'où son nom. Il propose, en général, des informations plus ou moins succinctes sur un seul produit à la fois.

Une brochure : un document proposé par les tour-opérateurs, chaque année ou chaque saison, pour présenter l'ensemble de leurs produits. On trouve ainsi la brochure annuelle ou la brochure été... Elles sont également appelées **catalogues.**

2.   Dans les situations suivantes, quels documents faut-il proposer ?

Situation 1 : À un office de tourisme, un homme se renseigne pour chercher un bon restaurant où on peut manger des fruits de mer.

Situation 2 : Au guichet des renseignements d'une gare, une dame demande s'il y a un train pour Montpellier.

Situation 3 : Dans une agence de voyages, un couple se renseigne sur les voyages organisés.

Situation 4 : Dans un office de tourisme, un touriste demande où l'on peut sortir le soir.

Partie 4

Présentation de lieux touristiques chinois

1. **景点讲解方法之二 突出重点法**

所谓突出重点法，就是导游在讲解时避免面面俱到，而突出某一方面进行详细讲解的方法。介绍时可从以下几个方面着手，以增加讲解的生动性和趣味性：

1) 突出大景点中具有代表性的景观。例如去秦俑馆游览时，要突出对一号坑和二号坑的讲解；

2) 突出景点的特征，重点介绍其与众不同之处；

3) 突出旅游者感兴趣的内容；

4) 突出该景点是"……之最"。

2. **导游词样例：兵马俑**

L'Armée de Terre cuite[1] (Les Terracottas)

Bonjour, Mesdames et Messieurs ! Nous sommes en route vers le Mausolée de l'empereur Qin Shi Huang[2]. Nous arriverons bientôt. J'aimerais bien profiter de ce moment pour vous faire une présentation de cet empereur Qin Shi Huang, le « premier souverain auguste ».

Il a été le « Roi des Qin » à l'époque des Royaumes combattants entre 230 et 221 avant J.-C. Il a conquis un à un les six autres royaumes et il est devenu l'unificateur de l'empire de Chine. Alors il a été le fondateur de la dynastie des Qin. Après, il a standardisé l'écriture, la monnaie, les poids et les mesures, etc. C'est un personnage très important dans l'histoire Chinoise. Comme vous le savez, la Chine est grande, il y a beaucoup de dialectes. Quelquefois, il est difficile de se comprendre à l'oral entre les gens de régions différentes. Mais nous partageons quand même la culture chinoise et des coutumes traditionnelles. Tout ça, c'est grâce à l'unification de l'écriture. L'empereur Qin Shi Huang est aussi considéré comme le père de la Grande Muraille. Il a fait relier des parties des Murailles construites par des Rois précédents pour protéger leurs territoires et la Grande Muraille est ainsi apparue. Après, chaque dynastie l'a maintenue et l'a rallongée.

① 兵马俑。俑是古代墓葬雕塑的一个类别。
② 秦始皇陵位于陕西省西安市临潼区，南倚骊山，北临渭水。

L'empereur Qin Shi Huang est connu aussi pour son caractère cruel et autoritaire pendant son règne. Il a mené des guerres et a fait de grands travaux comme la Grande Muraille et aussi le Mausolée que nous allons visiter aujourd'hui. D'après *Les Mémoires historiques* de l'historien Sima Qian, plus de 700 000 personnes ont travaillé pendant 36 ans pour construire le tombeau. Et les ouvriers qui avaient préparé le tombeau et assisté à l'enterrement ont été emmurés vivants dans le Mausolée à la fin de la cérémonie afin que les secrets de sa construction ne soient pas divulgués.

Le Mausolée s'étend sur 56 km^2 environ et se trouve à 28 km à l'est de Xi'an. C'est pour ainsi dire une ville souterraine comprenant de nombreux tombeaux, fosses et enceintes, dont le centre est un tumulus envahi de végétation. Le tombeau de Qin Shi Huang n'a pas encore été ouvert. Le gouvernement a décidé d'attendre jusqu'à ce que les technologies soient bien avancées afin de protéger toutes les antiquités qui s'y trouvent. Nous allons visiter les fosses de l'Armée de Terre cuite tout à l'heure. Les fosses sont à 1,5 km à l'est du tombeau.

Nous vailà arrivés. Suivez-moi, s'il vous plaît. On va d'abord à la première fosse. La fosse N°1 a été mise à jour par des paysans qui creusaient un puits en mars 1974. Rapidement, les fouilles ont commencé. Cette fosse mesure 230 m de long sur 62 m de large. Elle est grande comme deux stades de football. On a découvert près de 1 100 soldats, 32 chevaux, des armes et les restes de huit chars de combat. Le nombre estimé de soldats est de 7 000. La première section renferme 210 archers, suivis de porteurs de javelots cuirassés et de chars. La répartition des soldats en avant-garde, troupe principale et arrière-garde dans onze corridors correspond aux règles de formation militaire de l'époque. L'équipement et la coiffure indiquent le grade de chaque soldat.

Regardez bien. Les personnages mesurent près de 1,8 m à 2 m et ont chacun un visage différent grâce à un jeu d'assemblage des différents éléments qui le composent. Ils portent tous une arme en bronze, par exemple, épée, arc, arbalète, etc., recouverte d'une fine couche de chrome. Cette technique n'est apparue en Europe qu'au XIXe siècle. Grâce à cette couche de chrome, ces armes sont toujours affûtées. Certaines d'entre elles ont été pillées ou en partie retirées par des archéologues pour les analyser ou les exposer dans un musée. Mais on peut encore distinguer leur trace dans la forme des mains. Ces statues étaient cuites dans des fours à une température d'environ 900ºC, puis décorées et colorées. Faute de moyen de protection, les couleurs ont disparu peu de temps après que les personnages avaient été exposés à l'air.

Nous allons ensemble à la fosse N°2 et N°3. Après, c'est la visite libre. Si vous voulez, vous pourrez aller dans le cinéma panoramique. On vous montrera un court-métrage retraçant l'unification de l'empire sous l'empereur Qin Shi huang, la reconstitution des travaux et la découverte du Mausolée.

Vocabulaire

mausolée	*n.m.*	墓；纪念堂
auguste	*adj.*	〈书〉庄严的，尊严的，令人敬畏的
souverain,e	*adj./n.*	最高的，至上的；君主，主人
standardiser	*v.t.*	使合标准，使标准化；使统一化
monnaie	*n.f.*	货币，硬币
autoritaire	*adj.*	专制的，独裁的
règne	*n.m.*	统治，朝代
emmurer	*v.t.*	监禁，禁锢，囚禁
divulguer	*v.t.*	泄露，透露
s'étendre	*v.pr.*	展延，扩展
souterrain, e	*adj.*	地下的
enceinte	*n.f.*	围篱，被围起来的场所
tumulus	*n.m.*	石冢
fouille	*n.f.*	搜寻，搜索；挖掘，采掘
renfermer	*v.t.*	把……重新关住，隐藏；限制
chrome	*n.m.*	铬
piller	*v.t.*	掠夺，抢劫；偷盗
court-métrage	*n.m.*	[影]短片

Noms propres

l'époque des Royaumes combattants	战国
la fosse N°1	一号俑坑

Sujets de réflexion

Choisissez un des sujets ci-dessous et faites un court exposé.

1. En 2009, on a recommencé à fouiller les fosses. Vous êtes pour ou contre cette action ?
2. L'Armée de Terre cuite est surnommée « le huitième miracle mondial ». Selon vous, quels sont les éléments qui étonnent le monde ?
3. Il y a des histoires mystérieuses sur le Mausolée de l'empereur Qin Shi Huang. En racontez une ou deux.
4. Présentez l'empereur Qin Shi Huang.
5. Quels étaient les autres travaux connus à l'époque des Qin ? Présentez-les.

LEÇON
5

Partie 1
Texte

Rédiger un circuit

Un circuit est indispensable pour un voyage organisé. Voici un extrait de la brochure détaillée des destinations que le tour-opérateur *Joyeux Voyage* a éditée et commercialisée.

CHINE

Programme de 12 jours / 11 nuits. Circuit dense qui permet de découvrir en une durée minimum quelques facettes de ce vaste pays et d'en visiter les lieux les plus prestigieux.

Jour 1 : Paris / Beijing

● Vol à destination de Beijing (nuit et toutes prestations à bord).

Jour 2 : Beijing

● Petit déjeuner à bord. À l'arrivée, accueil par votre guide accompagnateur francophone et transfert en ville pour déjeuner. Première visite de Beijing, capitale politique et culturelle de la CHINE. Visite du Temple du Ciel, chef d'œuvre de la dynastie des Ming, lieu où l'Empereur entrait en communication avec le « ciel ». Ensuite découverte du Temple des Lamas, sanctuaire bouddhique, l'un des plus importants et des mieux conservés de la capitale. Installation à l'hôtel en fin d'après-midi. Soirée spectacle de Kung-Fu. Dîner et logement.

Vocabulaire

éditer *v.t.* 出版，发行；编辑
commercialiser *v.t.* 使商品化，使商业化
facette *n.f.* 小平面
vaste *adj.* 广阔的，辽阔的
sanctuaire *n.m.* 圣地，圣殿，神庙

Jour 3 : Beijing

● Petit déjeuner. Journée d'excursion à la Grande Muraille au col de Badaling, à 80 km de Beijing. Déjeuner et visite des célèbres Tombeaux des Ming et de la Voie Sacrée, allée triomphale bordée de statues monumentales. Retour à Beijing en fin de journée. Dîner, au menu, canard laqué, dans un restaurant réputé de la capitale. Logement.

Jour 4 : Beijing / Xi'an

● Petit déjeuner. Départ en métro vers la Place Tian'An Men, bordée par le Musée de l'Histoire et de la Révolution, le Palais de l'Assemblée du Peuple et le Mausolée de MAO. Traversée de la place et marche à pied vers la Cité Interdite, ancienne ville impériale qui couvre une superficie d'une centaine d'hectares. Déjeuner en ville. L'après-midi, route vers le Palais d'Été, dernier caprice de l'impératrice Cixi et, si le temps le permet, petite balade en bateau sur le magnifique Lac de Kunming. Dîner et transfert à la gare de Beijing. Nuit dans des compartiments « couchettes molles », équivalent à la 1ère classe (4 personnes par compartiment).

......

Jour 7 : Xi'an / Guilin

● Envol à destination de Guilin, louée par les peintres et les poètes pour la beauté de ses paysages. Installation à l'hôtel. Découverte des collines et jardins de la ville avec :
- la Colline aux Mille Couleurs d'où l'on a un superbe panorama sur la ville.
- la Grotte des Flûtes de Roseau aux étonnantes stalactites et stalagmites.
Visite d'une galerie de peinture chinoise. Déjeuner en cours d'excursion. Dîner et logement.

Jour 8 : Guilin / Yangshuo

● Journée de croisière sur la Rivière Li, dans une région renommée pour ses paysages au relief chaotique et aux formes étranges avec de somptueux « pains de sucre » (gigantesques pics calcaires) et bosquets de bambous qui se reflètent dans la rivière. Déjeuner à bord. Fin de la croisière à Yangshuo et promenade sur un marché qui propose fruits, légumes et produits de l'artisanat local. Installation à l'hôtel. En option, balade en voiturettes électriques dans les rizières. Dîner. En option, merveilleux spectacle « Impressions de Mlle Liu ». Logement.

......

Vocabulaire

caprice *n.m.* 任性，任意
compartiment *n.m.* 分格；格子；列车车厢中的隔间
couchette *n.f.* 卧铺；铺位
mou, mol, molle *adj.* 柔软的
stalactite *n.f.* 石钟乳
stalagmite *n.f.* 石笋
chaotique *adj.* 浑沌的，混乱的，乱七八糟
bosquet *n.m.* 小树林，树丛，小灌木丛

Jour 11 : Shanghai

● Visite de la vieille ville avec le Temple du Bouddha de Jade où se trouvent deux bouddhas de jade blanc rapportés de Birmanie en 1882. Découverte du Jardin du Mandarin Yu, véritable labyrinthe, où vous découvrirez de petites cours, des kiosques à musique et d'admirables pavillons. Déjeuner en cours de visite. Après-midi libre pour faire du shopping dans la Rue de Nanjing et promenade sur le Bund. Dîner et logement.

Jour 12 : Shanghai / Paris

● Petit déjeuner buffet. Transfert à l'aéroport. Assistance aux formalités de police et à l'enregistrement des bagages. Envol vers Paris (Repas et toutes prestations à bord). Arrivée à Paris en fin d'après midi.

Le prix comprend :
- 2 vols intérieurs : Xi'an / Guilin, Guilin / Suzhou
- Billet de train : Beijing / Xi'an
- Hôtel classe supérieure
- Guide : anglais, français, chinois

* *Le prix peut dépendre du nombre de voyageurs, de la saison, des options hôtel + repas, des activités supplémentaires, ou du guide (un guide parlant français plutôt qu'anglais pouvant s'avérer plus cher).*

Le prix ne comprend pas :
- Billets d'entrée pour toutes les attractions
- Taxes d'aéroport

Départ :
Toute l'année
Prix :
À partir de
€1300

● Contenu d'un circuit

✔ **Le nom et les principales caractéristiques techniques du produit**. Le nom du produit est attractif, comme le titre d'un article de journal.

✔ **L'introduction** est un résumé du produit pour informer et séduire les clients.

✔ **Le programme** est clair, informatif et valorisant. Il énumère les activités et décrit rapidement les sites touristiques à visiter. Il est écrit dans un style semi-rédigé où les verbes sont remplacés par des noms. Pour un circuit, il est détaillé jour par jour.

✔ **Les avertissements** précisent les prestations incluses ou non dans le forfait.

✔ **Les activités optionnelles** sont sélectionnées par le tour-opérateur pour aider les clients à préparer leur voyage.

● Cas du changement d'un circuit

✔ Généralement, il faut respecter le circuit déterminé. Le guide n'a pas le droit de le changer tout seul, mais un circuit peut être flexible quand il y a des urgences ou des incidents imprévus.

✔ En s'occupant d'un groupe, le guide doit prendre conscience de l'intérêt et de la condition physique de ses membres, du temps et d'autres facteurs qui peuvent influencer le voyage. Le changement est alors acceptable.

✔ Quand il y a des problèmes techniques, le tour-opérateur a le droit de modifier l'ordre des visites ou de changer d'hôtels, de restaurants ou d'activités, etc. Mais le guide doit prévenir les touristes à l'avance, expliquer la situation pour obtenir leur compréhension.

Vocabulaire

supplémentaire *adj.* 附加的，额外的，补充的
s'avérer *v.pr.* 显得，表现得
attraction *n.f.* 吸引，引力；*pl.* 游艺活动
optionnel, le *adj.* 可任意选择的

● Face à un changement

✔ Le guide doit contacter en premier lieu son agence de voyages et expliquer en détail la situation et la demande de changements du circuit proposés par les touristes.

✔ Si l'agence de voyages accepte la demande déposée par les touristes, le guide doit satisfaire leurs besoins et leur expliquer clairement le changement d'activités et les frais supplémentaires éventuels.

✔ Si l'agence de voyages n'accepte pas la demande, le guide doit expliquer patiemment et avec politesse aux touristes les raisons de ce refus.

✔ En cas de raccourcissement du voyage, le guide doit choisir les destinations les plus réputées pour que les touristes puissent jouir de leur voyage, contacter le personnel de la destination prochaine quand les touristes partent plus tôt que prévu, prévenir l'hôtel du départ, supprimer des repas, le transport, etc.

✔ En cas d'allongement du voyage, le guide doit contacter son agence pour arranger l'hébergement, les repas et le transport, et selon les demandes de touristes, prolonger le séjour dans certains lieux ou ajouter des sites ou des activités en dehors du forfait. La meilleure façon de contenter les touristes est d'avoir un programme d'activités variées.

✔ S'il faut supprimer des activités, le guide doit prévenir tous les membres du groupe, faire d'autres propositions et dédommager au mieux les participants et s'excuser sincèrement. Autorisé par l'agence de voyages, le guide peut offrir de petits cadeaux ou des plats supplémentaires lors d'un repas, afin de compenser les activités supprimées.

En résumé : Avant tout changement, contacter immédiatement son agence de voyages. Il vous faut son accord, avant de satisfaire les nouvelles demandes des touristes. Arrangez toutes les prestations nécessaires (hébergement, repas, transport, etc.) liées à la modification d'un circuit.

Questions

1. Quelles sont les différentes parties d'un circuit ?
2. Si des touristes demandent un changement de circuit, que devrez-vous faire en tant que guide ?
3. Si l'agence de voyages doit modifier le circuit, que devrez-vous faire en tant que guide ?
4. Vous êtes un guide-accompagnateur et vous rencontrez votre groupe à l'aéroport. Vous vous apercevez qu'il y a des différences entre le circuit que vous allez annoncer et celui auquel s'attendent les touristes. Que faut-il faire ?
5. Pourquoi faut-il contacter d'abord l'agence de voyages avant de faire des changements ?

> **Situation :** Marie-Luce vient de finir sa mission à Xi'an. Elle va au Québec dans 20 jours. Elle a envie de faire un peu de tourisme avant de retourner dans son pays. Elle lit une brochure d'excursion et s'intéresse à un circuit de deux jours pour visiter la ville. Elle s'informe auprès de l'agence des circuits disponibles.

Marie-Luce : Bonjour. Excusez-moi, j'ai eu cette brochure sur un tour de la ville. Le circuit de deux jours m'intéresse beaucoup, mais j'ai quelques questions à vous poser.

Agent de voyages : Bonjour, Mademoiselle. Ce sera un plaisir de vous renseigner.

Marie-Luce : Est-ce que le prix indiqué ici comprend tout sauf le logement ?

Agent de voyages : Oui, tout à fait. Vous désirez savoir autre chose ?

Marie-Luce : Oui, pouvez-vous me donner plus de détails sur le circuit ?

Agent de voyages : Bien sûr. Le premier jour, pendant la matinée, vous allez découvrir la Grande Pagode de l'Oie sauvage où le moine Xuanzang a séjourné pour traduire les manuscrits bouddhistes qu'il avait ramenés de son pèlerinage en Inde. Et puis, vous partirez vers Lintong et pourrez voir l'Armée de Terre cuite, de l'empereur Qin Shi Huang, composée de plus de 7 000 cavaliers et fantassins, grandeur nature. C'est l'une des découvertes les plus impressionnantes de ces dernières années.

Marie-Luce : Le midi, pour manger, on trouve facilement un restaurant ?

Agent de voyages : Pas la peine. Vous déjeunerez en cours d'excursion, et c'est compris dans le prix. De retour à Xi'an, vous ferez une promenade en compagnie de votre guide sur un marché de plantes et d'herbes médicinales.

Marie-Luce : D'accord. Et le deuxième jour ?

Agent de voyages : Le deuxième jour est une journée consacrée à la visite de la ville de Xi'an. Vous visiterez l'impressionnante Forêt de Stèles datant du IXe siècle avant notre ère, la Grande Mosquée et la Résidence du Clan Gao. C'est un logement traditionnel chinois très bien conservé. Vous verrez aussi le Musée de Shanxi qui contient de très belles collections d'objets en or, en bronze et en argent appartenant à la famille impériale depuis le XIe siècle avant J.-C. Vous vous promènerez également dans le quartier Shu Yuan Men（书院门）pour découvrir la calligraphie et la peinture traditionnelles chinoises, sur les remparts de la vieille ville, d'une longueur de 13 km, construits à l'époque des Ming au XIVe siècle. Pour finir, vous irez dans le centre ville, sur la place de la Tour de la Cloche et du Tambour dans le quartier musulman.

Marie-Luce : Deux journées bien remplies. Ça me paraît pas mal. Y a-t-il un guide francophone ?

Agent de voyages :	Oui, toutes les deux semaines, on a un groupe pour les touristes étrangers. On a un guide qui parle anglais et français.
Marie-Luce :	Quand est le prochain circuit ?
Agent de voyages :	Une minute, je vais chercher dans mon ordinateur. Ça tombe bien. C'est juste ce week-end. Voulez-vous vous y inscrire ?
Marie-Luce :	Oui, j'aimerais bien, s'il vous plaît.
Agent de voyages :	Veuillez remplir ce formulaire, signez ici et payez les frais au guichet Nº4 à gauche de la porte, s'il vous plaît.
Marie-Luce :	D'accord. Merci.
Agent de voyages :	Le bus part à 8 h devant notre agence de voyages. N'oubliez pas d'apporter une pièce d'identité et la facture. Je vous souhaite un bon voyage. Au revoir et bonne journée.
Marie-Luce :	Merci, vous aussi. Au revoir.

Dialogue II – Faire un changement dans un circuit

Situation : Mlle Li Ke, guide interprète de Beijing, vient parler du circuit avec Claire, guide accompagnatrice d'une agence de voyages française. Les membres du groupe veulent changer de circuit et visiter la Grande Muraille pendant la soirée.

Mlle Li :	Bonsoir, Claire. Vous allez bien ?
Claire :	Très bien, merci, et vous ?
Mlle Li :	Ça va bien aussi. Je voudrais vous parler du circuit de demain. Nous commençons par la Grande Muraille Badaling le matin. L'après-midi, nous visiterons Changling, le plus grand des tombeaux des Ming. Et au dîner, nous dégusterons le canard laqué. Ça vous va ?
Claire :	Oui. Mais est-ce que c'est possible de faire quelques changements ? La majorité du groupe aimerait voir la Grande Muraille pendant la soirée. Vous le saviez ?
Mlle Li :	Non, je n'étais pas au courant de ça. Mais c'est quand même possible. Laissez-moi réfléchir. Dans ce cas-là, on peut changer le circuit du matin contre celui de l'après-midi. On peut visiter Changling pendant la matinée et faire une promenade à Badaling dès l'après-midi. Ça irait pour votre groupe ?
Claire :	Oui, parfait ! À propos, est-ce que nous allons voir la Voie Sacrée après Changling ?
Mlle Li :	Oui. Nous visiterons également une usine de sculpture de jade après la visite de la Grande Muraille. À part le changement d'horaire de la visite de Badaling, on garde le programme de la journée.
Claire :	Très bien !
Mlle Li :	Par contre, faute de temps, on ne pourra pas déguster le canard laqué demain soir, mais on pourra le faire après-demain.

Claire : Pas de problème. Merci beaucoup. Mais j'imagine que ces modifications vont coûter un peu plus cher. Ce ne sera pas trop élevé ?

Mlle Li : Oui, en effet, mais ça ne fera que 10% de plus sur le prix d'entrée de la Grande Muraille. Il n'y aura pas d'autres suppléments à régler. Cela vous convient ?

Claire : Je crois que oui, ça va. Je vais en parler au groupe.

Mlle Li : Pour les deux derniers jours, y a-t-il d'autres changements ?

Claire : De notre part, non.

Mlle Li : Parfait. Alors nous découvrirons le Temple du Ciel et le Temple des Lamas le deuxième jour et la Place Tian'An Men, la Cité Interdite et le Palais d'Été pour la fin.

Claire : Ça me paraît très bien.

Mlle Li : Très bien. Merci de votre coopération. Je vais faire tout ce que je peux pour vous offrir un bon séjour à Beijing. Si vous avez d'autres questions ou problèmes, n'hésitez pas à me faire signe.

Claire : Merci beaucoup. Bonne nuit et à demain.

Mlle Li : Bonne nuit. Reposez-vous bien et à demain.

Partie 3
Façon de s'exprimer

Exercice 1   Les mots pour le dire

Pour exprimer une action, un événement pour restituer des informations, on peut utiliser :
– **un verbe conjugué :** vous partez, vous arrivez, vous descendez…
– **un verbe à l'infinitif :** partir, arriver, descendre...
– **un nom** (il met l'accent sur l'événement) : partir → départ

L'autobus quotidien **arrive** à 13 h. → **Arrivée** de l'autobus quotidien à 13 h.

Les passagers **partent** demain à 18 h. → **Départ** des passagers demain à 18 h.

1.   Trouvez le substantif correspondant à chacun des verbes :

1) travailler : _____

2) élever : _____

3) visiter : _____

4) déguster : _____

5) ouvrir : _____

6) fermer : _____

7) présenter : _____

8) descendre : _____

9) accueillir : _____

10) construire : _____

11) détruire : _____

12) passer : _____

13) atterrir : _____

14) traverser : _____

15) s'envoler : _____

2. Trouvez le verbe correspondant à chacun des substantifs :

1) exploration : _____

2) initiation : _____

3) continuation : _____

4) retour : _____

5) accès : _____

6) commentaire : _____

7) installations : _____

8) escalade : _____

9) transfert : _____

10) promenade : _____

11) décollage : _____

12) baignade : _____

13) balade : _____

14) découverte : _____

15) arrêt : _____

3. Quels termes utilise-t-on dans un descriptif d'itinéraire ou de circuit pour indiquer que le touriste :

1) s'en va → _____

2) revient → _____

3) s'arrête dans un endroit → _____

4) goûte une spécialité de la région → _____

5) va d'un endroit à un autre → _____

Exercice 2

Joyeux voyage commercialise aussi de courts séjours bon marché. Voici la présentation d'un week-end à Berlin.

1. Complétez le texte de la brochure avec les mots suivants : *prix par personne, excursion, le prix comprend, départ, itinéraire, chambre double, samedi, transfert, arrêt, Paris, visite.*

Allemagne   ___ 1 ___ : 99 €
Week-end découverte

BERLIN ET SA RÉGION
Tous les week-ends
Découverte de Berlin et sa région à votre rythme et en toute liberté

Votre ___ 2 ___

Vendredi : ___ 3 ___ de Paris gare du Nord à 22 h.

___ 4 ___ : Arrivée à Amsterdam à la Gare centrale vers 8 h. ___ 5 ___ à l'hôtel. Journée libre.

Dimanche : Départ à 9 h pour ___ 6 ___ dans une région de Brandeburg. ___ 7 ___ à Potsdam. Déjeuner dans une brasserie berlinoise. ___ 8 ___ guidée de Potsdam avec l'ensemble du château Sans-Souci, le « Versailles Prussien » avec entrée au Nouveau Palais.

Retour à Berlin vers 15 h. Départ à 23 h de la Gare centrale pour ___ 9 ___. Arrivée à Paris vers 6 h 30 le lundi matin.

___ 10 ___ : Transport, hôtel équivalent 1 étoile en ___ 11 ___ pour 1 nuit, 1 petit déjeuner, excursion à Postdam.

---

2. Présentez oralement ce week-end à Berlin.

Exercice 3

Vous travaillez dans une agence réceptrice de votre pays. Vous recevez le fax suivant. Répondez-y en faisant une proposition de circuit.

De : Joyeux Voyage – Sandra Nadeaux – Directrice de la production
Objet : Demande de circuits
Madame, Monsieur,
Nous souhaitons programmer votre pays dans notre prochaine brochure *Circuits*. Pourriez-vous nous faire une proposition de circuit de découverte de votre pays (ou région) pour une durée maximum de 7 jours ? Merci de nous adresser une proposition sous la forme suivante :
- **Nom du circuit :**
- **Dates conseillées :**
- **Résumé du circuit :**
- **Description de l'itinéraire jour par jour :**

1. 景点讲解方法之三 虚实结合法

虚实结合法就是导游在讲解过程中将典故、传说与景物介绍有机结合的讲解方法。采用这种导游技法，可使讲解生动形象，产生强烈的艺术感染力。

"虚"是指与景观有关的民间传说、神话故事、趣闻轶事等，一般无证可考；而"实"则是指景观的实体、实物、史实、艺术价值等，一般有据可查。"虚"与"实"必须有机结合起来，以"实"为主，以"虚"为辅，"虚"为"实"服务，以"虚"加深"实"的存在，努力将无情的景物变成有情的导游讲解，使导游讲解故事化，以求产生艺术感染力，努力避免平淡的、枯燥乏味的、就事论事的讲解方法。

2. 导游词样例：灵隐寺

Le Temple de l'Esprit Retiré[1]

Mesdames et Messieurs, nous voilà au Temple de l'Esprit Retiré, au pied du Pic Venu en Volant[2]. Permettez-moi de vous raconter d'abord l'histoire du nom du temple. Au IVᵉ siècle, sous la dynastie des Jin de l'Est, un moine bouddhiste indien, Huili, est arrivé ici et a admiré le pic qui était en face de lui en disant : « C'est une petite colline de la montagne Lingjiu de l'Inde, pourquoi a-t-elle volé jusqu'ici ? Lorsque Bouddha était vivant, les esprits des Immortels se retiraient souvent dans une colline semblable. » Alors, Huili a fait construire le temple nommé « Lingyin », que l'on traduit en français par « le Temple de l'Esprit Retiré », et on a ainsi commencé à appeler la colline « le Pic Venu en Volant ».

Le Temple de l'Esprit Retiré fait partie des dix temples bouddhistes les plus connus en Chine. Il attire en masse les fidèles de toute l'Asie orientale. C'est le temple bouddhiste le plus important au sud du pays.

Le palais que vous voyez maintenant devant vous est le Palais des Rois Célestes. C'est le premier palais du temple. Le Temple de l'Esprit Retiré a deux portails à l'est et à l'ouest et le Palais des Rois se trouve entre ces deux portails. Comme les autres temples bouddhistes au sud

---

① 灵隐寺是中国著名佛教寺院，又名云林寺，位于浙江省杭州市西湖西北面，通常认为也属于西湖景区。
② 灵隐寺旁的飞来峰也是杭州的名胜，是灵隐地区的主要风景点之一。

du Fleuve Yangtsé, le Palais des Rois Célestes se trouve le long de l'axe avec le Grand Palais Majestueux, le Palais du Bouddha Médecin Bhaisajyaguru, le Pavillon de la Grande Miséricorde, etc.

Regardons au dessus du cadre de la porte, il y a quatre caractères laqués « Yun Lin Chan Si », traduit en français par « le Temple de Dhyâna dans la forêt des nuages ». C'est le nom donné par l'empereur Kangxi, de la dynastie des Qing, quand il fit son voyage au Sud de la Chine et qu'il passa par cet endroit et s'inspira du paysage autour du temple.

Allons, entrons. Vous serez enchanté par le sourire béat du Bouddha Maitreya (Milefo en chinois, Bouddha souriant de l'avenir) de l'époque Song. Il est assis dans une niche bouddhiste habilement sculptée et ciselée. Son gros ventre déborde toujours de son vêtement. Il sourit tout le temps. On dit que « son ventre peut couvrir toutes les choses et il sourit ou se moque de toutes les personnes ridicules ». Des deux côtés, sont rangées les quatre statues assises des Rois Célestes. Le plafond est intéressant aussi. Vous voyez des peintures de phénix et de dragon.

Après être sortis du Palais des Rois Célestes, nous allons au Grand Palais Majestueux, aussi appelé le Palais du Grand Héros ou le Palais de Sakyamuni. Connaissez-vous ce nom de Sakyamuni ? On l'appelle aussi Siddharta, un nom qui vous est peut-être plus familier. C'est ce prince qui est devenu plus tard Bouddha. Le palais est haut de 33,6 m, avec des auvents hauts, couverts de tuiles vernies. C'est la construction à un seul étage la plus grande de Chine. Au milieu du palais, se dresse la statue de Bouddha Sakyamuni installée sur un trône de lotus. Elle fait 24,8 mètres de haut et est construite sur vingt-quatre morceaux de bois de camphre. Élégante et solennelle, la statue est un chef d'œuvre d'art classique parmi les sculptures des bouddhas assis en bois.

Maintenant, nous allons voir le Pic Venu en Volant. Et après, nous irons manger. Je vous en parle maintenant parce qu'il faut que je prévienne le restaurant. Vous aurez deux choix : le premier, dans un restaurant végétarien où tous les plats sont végétariens. C'est un style de cuisine chinoise. Le restaurant se trouve au pied du pic, avec un beau paysage. Le deuxième : c'est un restaurant avec une cuisine locale plus traditionnelle dans un village près d'ici. Lequel préférez-vous ?

Vocabulaire

se retirer	*v.pr.*	退隐，隐居
portail	*n.m.*	正门，大门
laquer	*v.t.*	涂漆，漆
enchanter	*v.t.*	使高兴
béat	*adj.*	心满意足的，依然自得的，恬静的
ciselé	*v.t.*	凿，雕刻，雕镂
déborder	*v.t.*	突出，伸出；超出限度，超出范围
tuile	*n.f.*	瓦片
verni	*adj.*	涂釉的，上光的
camphre	*n.m.*	樟脑
végétarien, ne	*adj./n.*	素食的；素食主义者

Noms propres

le Temple de l'Esprit Retiré	灵隐寺
le Pic Venu en Volant	飞来峰
le Palais des Rois Célestes	天王殿
le Fleuve Yangtsé	长江
le Grand Palais Majestueux	大雄宝殿
le Palais du Bouddha Médecin Bhaisajyaguru	药师殿
le Pavillon de la Grande Miséricorde	大悲阁
le Temple de Dhyâna dans la forêt des nuages	云林禅寺
le Bouddha Maitreya	弥勒佛
Sakyamuni	释迦摩尼

Sujets de réflexion

Choisissez un des sujets ci-dessous et faites un court exposé.

1. Présentez un moine connu qui habitait au Temple de l'Esprit Retiré, par exemple, Huili, Ji Gong, etc.
2. Le Temple de l'Esprit Retiré est un des temples où on pratique quotidiennement le bouddhisme. Présentez le bouddhisme d'aujourd'hui en Chine.
3. Le Temple de l'Esprit Retiré est dans la zone du Lac de l'Ouest. Présentez cette zone.
4. Le Temple de l'Esprit Retiré est un représentant des temples au sud du Fleuve Yangtsé. Présentez les points communs de ces temples dans le domaine de l'architecture.
5. Qu'est-ce qu'un repas végétarien ? Quels sont les avantages et les inconvénients des repas végétariens ?

Leçon 6

Texte

Accueillir les touristes (1)

L'accueil des touristes, à l'aéroport, sur un quai de gare ou dans un autre lieu d'arrivée, est le premier contact entre un guide et ses clients. Le guide est probablement la première personne que les touristes rencontrent quand ils arrivent à l'étranger. Tout ce qu'il dit et ce qu'il fait donne aux touristes une première impression qui pourra durer et influencer toute la visite.

En outre, l'accueil peut faire oublier les frustrations dues à un retard de vol ou à un voyage inconfortable. Il permet donc de gagner la confiance et le respect des clients. Être accueillant et élégant, parler d'une manière aimable, être professionnel et fiable, agir efficacement, tout cela contribuera à un service de qualité. Il faut savoir qu'une bonne impression initiale et un premier contact plaisant associés à un service de qualité, vous donneront toutes les chances de réussir votre mission.

Le jour de l'arrivée de votre groupe de touristes, vous devez être totalement prêt pour le service. Cela signifie que vous aurez préparé à l'avance tout le matériel et effectué quelques démarches avant de rencontrer vos clients.

Gardez à l'esprit les indications ci-dessous. Elles forment l'abc de votre profession.

● **Préparatifs**

✔ Confirmez l'heure d'arrivée prévue et le numéro de vol au moins 24 heures à l'avance auprès de votre agence.

✔ Appelez à l'avance l'aéroport ou la gare pour vérifier les horaires de vols ou de trains (deux heures pour les vols réguliers).

✔ Présentez-vous à l'aéroport au moins 30 minutes avant

Vocabulaire

quai *n.m.* 站台；堤岸；码头
représentant, e *n.* 代表，代理人
en outre *adv.* 而且，还
initial, e *adj.* 开始的，最初的

l'atterrissage / l'arrivée en gare, pour vous donner plus de temps en cas d'imprévus.

En résumé : Prévoir est un moyen simple de se rassurer quand l'heure H approche mais aussi une nécessité afin de pouvoir répondre au plus vite aux demandes des touristes.

● Matériel du guide

- ✔ une pièce d'identité ;
- ✔ un drapeau de votre entreprise ;
- ✔ un panneau avec le nom du touriste / du groupe que vous allez accueillir ;
- ✔ un haut parleur ;
- ✔ des formulaires administratifs (pour la douane, les autorités, etc.) ;
- ✔ des cartes de visite avec noms et adresses du guide et de l'hôtel ;
- ✔ une casquette, un badge ou tout autre signe distinctif pour chaque membre du groupe ;
- ✔ un parapluie ou un imperméable, etc.

En résumé : Le matériel est secondaire, mais néanmoins important. Assurez-vous soigneusement de la présence de ces objets préparés à l'avance qui vous faciliteront la tâche et vous donneront l'image d'une personne organisée.

● Contacts avec le chauffeur

- ✔ Ayez le numéro de téléphone portable du chauffeur – et lui, le vôtre – afin de rester en contact permanent.
- ✔ Présentez l'itinéraire au chauffeur à l'avance pour qu'il puisse choisir le chemin le plus court et le plus adapté au groupe et aux contraintes matérielles.
- ✔ Vérifiez le véhicule pour vous assurer qu'il est bien rangé, propre, et que tous les équipements (lumière, ventilation, télévision, etc.) sont en bon état.
- ✔ Redressez les sièges et équipez chacun d'entre eux d'un sac poubelle.
- ✔ Sachez toujours exactement où le bus est stationné, afin que le groupe puisse partir rapidement.

En résumé : Maintenez toujours une bonne relation de travail avec le chauffeur. Il est votre collègue et la personne de référence en ce qui concerne toute question de transport.

Vocabulaire

atterrissage *n.m.* 着陆，降落；靠岸

heure H *loc.* 关键时刻，重要的时间

pièce d'identité *n.* 身份证件

redresser *v.t.* 重新竖直，使重新直立

● Tenue correcte

✔ L'option la plus pratique est de porter l'uniforme avec un badge ou une casquette indiquant votre entreprise.

✔ Vous devez avoir des chaussures soignées et votre coiffure doit être impeccable.

✔ Des parures et accessoires convenables ou un simple maquillage sont autorisés.

✔ Dans certaines occasions, un guide doit aussi porter des vêtements très formels et les bijoux qui vont de paire pour accueillir certaine VSP « very special person », en français, « personne très spéciale » ou les VIP « very important person », en français, « personnes très importantes » sur demande spéciale.

En résumé : En tant que guide qui accueille la clientèle, vous devez être habillé d'une manière correcte qui ne puisse ni faire offense à vos touristes, ni vous embarrasser lors de votre mission. Vous devez porter une tenue qui donne une image positive de vous et de votre agence.

● Anticipation des retards de vols ou des absences

✔ Vérifiez constamment les informations de vols (en cas de changement ou de retard).

✔ Soyez toujours prêt à faire face aux retards de vols.

En résumé : Les vols sont susceptibles d'être retardés. Vos remarques pleines d'humour et votre service de qualité peuvent vous aider à minimiser et à atténuer les conséquences fâcheuses des retards.

> **Vocabulaire**
>
> impeccable *adj.* 无可指责的，
>   完美的，无错误的
> offense *n.f.* 冒犯，得罪
> embarrasser *v.t.* 使(行动)不
>   便，妨碍；使为难，使尴尬
> susceptible *adj.* 易感受……
>   的；可能……的
> atténuer *v.t.* 减轻，减弱，缓和

Questions

1. Comment le guide crée une relation positive et durable avec ses clients ?
2. Une femme guide peut-elle être maquillée ?
3. Quelles sont les informations nécessaires pour bien accueillir les clients ?
4. Pourquoi le guide doit être à l'aéroport ou à la gare 30 minutes avant l'arrivée des touristes ?
5. De quel matériel un guide a-t-il besoin ?

Dialogue I – Accueillir un groupe de touristes à l'aéroport

> **Situation :** Li Wen, guide interprète de l'Agence de Voyages Nationale, accueille un groupe de touristes venant de France à l'Aéroport international de Beijing.

Li Wen :	Excusez-moi, vous êtes le groupe « Aventure » ?
Passagers :	Oui.
Li Wen :	Bienvenue en Chine. Bienvenue à Beijing. Je suis Li Wen, votre guide interprète de l'Agence de Voyages Nationale. Qui est votre guide accompagnateur ?
Sandra Nadeaux :	Bonjour, Madame Li. Je suis Sandra Nadeaux, guide accompagnatrice du groupe. Je suis ravie de vous rencontrer. Merci de venir nous chercher.
Li Wen :	Bonjour, Madame Nadeaux. Moi aussi, je suis contente de vous rencontrer. Le voyage s'est bien passé ?
Sandra Nadeaux :	Oui. Tout s'est bien passé.
Li Wen :	Vous êtes un groupe de 15 personnes, Madame Nadeaux, c'est ça ?
Sandra Nadeaux :	Oui, c'est ça, 15 personnes. Mais vous pouvez m'appeler Sandra, ce sera plus simple.
Li Wen :	D'accord. Alors appelez-moi Caroline. C'est mon prénom français.
Sandra Nadeaux :	D'accord, Caroline !
Li Wen :	Nous vous avons réservé des chambres à l'hôtel Zhongxing. Les bagages seront délivrés par un autre car à l'hôtel.
Sandra Nadeaux :	Parfait, merci.
Li Wen :	Est-ce que tout le monde est là ? Notre car nous attend sur le parking de l'aéroport.
Sandra Nadeaux :	Je vais compter. 1, 2, 3, 4, 5… Oui, tout le monde est là.
Li Wen :	On peut partir alors ?
Sandra Nadeaux :	Oui, allons-y.
Li Wen :	Bon. Mesdames, messieurs, s'il vous plaît. Nous allons rejoindre l'hôtel en car. Suivez-moi, s'il vous plaît.

> **Situation :** Li Wen, guide interprète de l'Agence de Voyages Nationale, accueille un touriste en provenance de Beijing à la gare ferroviaire de Shenyang avec son directeur Zhang Tian. Le touriste, Monsieur Lemoine, est le directeur de la société Europtour, partenaire de l'Agence de Voyages Nationale.

Li Wen :	Excusez-moi, Monsieur, êtes-vous bien M. Lemoine de la société Europtour ?
Un passager :	Non.
Li Wen :	Désolée.
Li Wen :	Bonjour. Êtes-vous bien M. Lemoine de la société Europtour ?
M. Lemoine :	Oui, c'est moi. Bonjour.
Li Wen :	Bonjour ! Monsieur Lemoine. Je m'appelle Li Wen. Je suis votre guide-interprète de l'Agence de Voyages Nationale. Je suis contente de vous rencontrer. Permettez-moi de vous présenter notre directeur, M. Zhang.
(à M.Zhang)	Voici M. Lemoine.
M. Zhang :	Bonjour. Enchanté. Je suis content de vous rencontrer après un an de coopération et de contacts par courrier.
M. Lemoine :	Moi aussi, je suis très content de vous rencontrer enfin. Comment allez-vous ?
M. Zhang :	Très bien, merci. Et vous ? Le voyage s'est bien passé ?
M. Lemoine :	Très bien, merci. Le voyage a été très agréable.
Li Wen :	Bienvenu à Shenyang.
M. Lemoine :	J'avais entendu parler de cette ville et finalement j'ai enfin l'occasion de la voir.
M. Zhang :	J'espère que vous passerez un bon séjour ici.
M. Lemoine :	J'en suis sûr.
Li Wen :	Vous avez tous vos bagages ? Il ne vous manque rien ?
M. Lemoine :	Non, je n'ai qu'une valise, merci.
Li Wen :	Je vous propose d'aller directement à l'hôtel. Vous pourrez vous reposer un peu et nous déjeunerons ensemble. Cela vous convient ?
M. Lemoine :	Très bien. Merci.
Li Wen :	Bon. Notre voiture est stationnée à l'entrée sud. Suivez-nous, s'il vous plaît. Passez par là, s'il vous plaît.
M. Lemoine :	Parfait. Je vous suis.

Exercice 1   Vrai ou faux ?

Les affirmations suivantes sont-elles vraies ou fausses ? Pourquoi ?

1. Lorsque l'on accueille un client dans son bureau, on peut rester assis.
2. Au téléphone, si vous devez faire attendre le client, vous lui dites : « Attendez ».
3. Vous avez un client assis en face de vous, le téléphone sonne. Vous engagez la conservation au téléphone.
4. Quand un client entre dans votre bureau, vous le priez de s'asseoir.
5. Quand vous répondez au téléphone, vous devez vous présenter.
6. Quand un visiteur sort du bureau, on reste assis.
7. Quand un client se présente au guichet ou dans votre bureau, après l'avoir salué, la question rituelle est : « Que puis-je faire pour vous ? »
8. Pour se saluer en fin d'entretien (dans le bureau), on se serre la main.
9. Si vous recevez une communication téléphonique qui n'est pas pour vous mais pour un collègue, vous demandez de rappeler.
10. Quand vous êtes avec un client et que le téléphone sonne, vous décrochez sans rien dire au client.

Exercice 2   L'art et la manière de bien accueillir des Français

Classez, d'une part, ce que l'on peut faire et dire et, d'autre part, ce que l'on ne peut ni faire, ni dire.

1. demander le silence
2. parler vite
3. parler doucement
4. sourire
5. serrer la main
6. saluer
7. avoir l'air harassé
8. être plongé dans son programme
9. vérifier si tout est bien compris
10. se présenter
11. laisser les gens debout pendant longtemps
12. présenter des collaborateurs et leur secteur d'intervention
13. offrir une boisson chaude, un rafraîchissement
14. vérifier la liste des clients

15. offrir un cadeau de bienvenue (casquette avec nom de l'agence, par exemple)
16. mâcher un chewing-gum
17. parler à la troisième personne à une personne présente
18. interpeller quelqu'un
19. montrer quelqu'un du doigt
20. raconter des anecdotes personnelles
21. fumer
22. bâiller
23. vouloir tout dire au moment de l'accueil
24. raconter des histoires dramatiques
25. être en retard
26. remettre un plan
27. tutoyer dès le premier contact
28. souhaiter un joyeux anniversaire à un client si son anniversaire est pendant le séjour
29. en présence du groupe, parler longuement avec un client en particulier
30. serrer la main à tout le groupe

À faire ou à dire	À ne pas faire ou à ne pas dire

Exercice 3   Ça va ? Ça ne va pas ?

À l'arrivée, quand vous interrogez un touriste sur les conditions de son voyage, il peut vous répondre de manière explicite (« Ça s'est bien passé » / « Ce n'était pas bien ») ; vous pouvez aussi avoir des réponses moins « classiques » soit parce qu'elles font partie d'un registre de langue familière, soit parce que l'intonation en modifie le sens. Dans ce cas, il faut savoir les interpréter.

Lisez les réponses ci-dessous et complétez le tableau.

Réponses	Le voyage (+ → –)				En français courant :
	s'est bien passé		s'est mal passé		
	très bien	plutôt bien	plutôt mal	mal	
Exemple : **1. Bof ! (familier)**			✓		**Le voyage n'était pas mauvais mais pas vraiment bon non plus.**
2. Ça va...					
3. J'ai déjà vu mieux.					
4. Ça peut aller...					
5. Ça aurait pu être mieux...					
6. Ah ! Ne m'en parlez pas.					
7. Oh ! là ! là !					
8. Super ! (familier)					
9. Vachement bien ! (familier)					
10. Très, très chouette ! (familier)					
11. J'ai jamais vu ça !					
12. Couci-couça.					
13. Pourtant, ça avait bien commencé !					
14. Je ne m'attendais pas à ça.					
15. Ça aurait pu être pire !					
16. Mieux que je ne le craignais.					
17. Comme ci, comme ça.					
18. C'était d'un agréable !					
19. Terrible !					
20. Pas terrible !					
21. Je m'attendais à mieux.					
22. Je m'attendais à autre chose.					
23. Ouais...euh ! (familier)					
24. Si j'avais su... !					
25. Chapeau ! (familier)					
26. J'vous dis pas ! (familier)					
27. C'était le pied ! (familier)					
28. J'ai jamais vu un bordel pareil ! (familier)					

1. 景点讲解方法之四 问答法

问答法是在讲解过程中，导游向游客提问或鼓励游客向导游提问的一种方法。通过这种方法，导游可以避免枯燥无聊的填鸭式讲解，达到活跃气氛、调动游客积极性和激发游客想象力的效果。游客通常很愿意参与讨论，并为自己能悟出景点的美或文化方面的价值而自豪。此外，通过提问的方式，也可增加导游和游客之间的沟通和交流。

总体来说，问答法有三种方式：第一，导游自问自答。这种方法有利于导游主动掌控，避免遇到游客提出难题的情况。第二，导游提问，让游客回答。当导游使用这种方法时，应考虑游客的基本情况，寻找并结合他们的兴趣点进行提问。第三，导游让游客提问，自己回答。导游要优先回答与当前讲解内容相关的问题，然后再简要回答其他问题，以避免因游客的随意提问而打断整体讲解。

2. 导游词样例：乔家大院

La Maison du Clan Qiao[1]

Mesdames et Messieurs,

Je suis très heureux de vous présenter la Maison du Clan Qiao. Comme son nom l'indique, il s'agit du grand manoir de la famille Qiao, qui date du XVIIIe siècle. La famille Qiao est devenue riche quand Qiao Zhiyong a fait de bonnes affaires dans le commerce. L'influence de la famille Qiao dépassait alors la frontière de la province du Shanxi. Mais quand l'Alliance des huit nations a pris la capitale, la famille Qiao a du payer pour le voyage d'exil de l'impératrice Cixi, ce qui leur a coûté 400 000 taëls d'argent. Et dès ce moment-là, la fortune de la famille a commencé à décliner. Plus tard, vous verrez deux tableaux d'honneur accordés par le gouvernement de la dynastie des Qing, sur lesquels étaient inscrites les contributions faites par la famille Qiao.

Avant d'entrer dans le manoir de la famille Qiao, je tiens à vous présenter sa disposition. Sinon, vous pourriez vous perdre. Le manoir est assez grand et se compose de 6 cours principales

---

① 乔家大院：乔家大院位于山西省祁县乔家堡村，始建于清代乾隆年间，经过几代人的不断努力，于民国初年建成一座宏伟的建筑群体，并集中体现了我国清代北方民居的独特风格。

et de 20 cours mineurs. Il y a 313 chambres, qui se situent le long d'un axe nord-sud. Si vous regardez d'en haut pour voir le panorama du manoir, il ressemble à deux « Xi », caractère chinois qui signifie le bonheur et la chance.

Maintenant, entrons par la porte principale.

Devant nous, c'est une ruelle de 80 mètres de long qui mène à la salle principale. Au bout de la ruelle, à l'ouest, se trouve le temple ancestral[1] de la famille. La ruelle divise le manoir en deux parties : la cour du sud et celle du nord. Regardez en haut, s'il vous plaît ! Les toits de toutes les maisons se touchent. Cela facilitait la protection du manoir. De plus, les 140 cheminées sur les toits sont intéressantes. Elles sont toutes différentes les unes des autres.

Le manoir est entouré par des murs de 10 mètres de haut. Vous avez peut-être vu les parapets et les créneaux en haut des murs. Aux quatre coins, il y a une tour de guet qui protège la vie privée du manoir.

Maintenant je vous pose une question : pourquoi le Clan Qiao a-t-il un mur si haut ? Vous le savez ?

Il y a deux raisons : premièrement, pour des raisons de sécurité, l'hôte voulait protéger ses biens ; deuxièmement, pour avoir une vie tranquille, ça veut dire que les habitants voulaient vivre dans un endroit calme, loin de l'agitation commerciale. Quelquefois, les filles du manoir ne pouvaient pas résister à la tentation de l'extérieur, et elles réussissaient à grimper sur le mur le plus haut pour voir le monde. C'est pourquoi, en Chine, on appelle ce type de mur « Nü'er qiang »[2], en chinois, cela veut dire « mur des filles ».

Par ici, s'il vous plaît !

Nous allons franchir la porte de la deuxième cour.

Observez les sculptures en bois sur la porte. Elles représentent les dieux de la fortune, de la prospérité et de la longévité. Ces trois dieux représentent les trois souhaits fondamentaux de l'homme, et ils sont très populaires en Chine. Lorsqu'un touriste visite ce manoir immense, il s'intéresse plutôt aux rangées de maisons traditionnelles. Mais je vous conseille de faire aussi attention à tous les détails des murs, des fenêtres, des balustres et des cours. Tout cela est une œuvre d'art précieuse.

Maintenant, nous nous dirigeons vers la troisième cour.

Nous y voilà. Voyez-vous quelque chose de spécial en brique sur la porte ?

---

① 祠堂：祠堂是有相同血脉的同族人共同建造起来的家庙，是同族人祭拜、朝敬共同祖先的地方。
② 女儿墙：女儿墙在古代时叫"女墙"，包含着窥视之义，是仿照女子"睥睨"之形态在城墙上筑起的墙垛，后来演变成一种建筑专用术语。

C'est une sculpture de Kylin[1], une mascotte qui porte un fils à une femme dans la culture chinoise. La sculpture représente le vœu de l'hôte : avoir plus de descendants mâles.

Entrez, s'il vous plaît ! Ici vous pouvez voir de magnifiques peintures sur les murs d'or, sous les toits et tout autour de la cour. Certaines racontent des fables, et d'autres représentent des objets, tels que des fleurs, des oiseaux, des horloges, etc. Même si elles ont été exposées aux intempéries, vent et soleil, depuis des centaines d'années, elles sont encore brillantes !

Nous faisons une petite pause ici. Vous pouvez inspecter cette cour tranquillement. Nous continuons la visite dans quinze minutes.

Vocabulaire

manoir	*n.m.*	小城堡；（中世纪）庄园
dépasser	*v.t.*	超过，超出
l'Alliance des huit nations		八国联军
taël	*n.m.*	银两（中国旧时货币单位）
décliner	*v.i.*	衰落，衰退
inscrit,e	*adj.*	已登记的，记下的
disposition	*n.f.*	安排，布置，布局
ancestral,e	*adj.*	祖先的
entouré,e	*adj.*	被围的
parapet	*n.m.*	护墙，栏杆
guet	*n.m.*	观察，监视；警戒
franchir	*v.t.*	通过，穿过
balustre	*n.m.*	栏杆的小支柱
mascotte	*n.f.*	吉物（被认为会带来好运的人、动物或物件）
descendant, e	*n.*	后裔，后代，子孙
horloge	*n.f.*	时钟
intempéries	*n.pl.*	恶劣的天气
inspecter	*v.t.*	仔细观察，细看

① 麒麟：亦作"骐麟"，简称"麟"，古代传说中的仁兽、瑞兽，是中国古代传说中的一种动物，被称为圣兽王，与凤、龟、龙共称为"四灵"。

Sujets de réflexion

Choisissez un des sujets ci-dessous et faites un court exposé.

1. D'après vous, pour quelles raisons la Maison du Clan Qiao est-elle connue ?
2. Quelles sont les caractéristiques architecturales de la Maison du Clan Qiao ?
3. Quelle est l'histoire du Clan Qiao ? Que pensez-vous de cette histoire ?
4. Qiao Zhiyong était un commerçant parmi les nombreux Jin Shang (commerçants de la province du Shanxi). Que savez-vous des Jin Shang ? Quels sont leurs biens et contributions dans l'histoire commerciale de la Chine ?
5. Est-ce que vous avez vu le feuilleton ou lu le roman « La Maison du Clan Qiao » ? Si oui, qu'en pensez-vous ?

LEÇON 7

Accueillir les touristes (2)

● **Premier face à face**

D'habitude, reconnaître votre groupe ou votre touriste est facile. Cependant, cela devient parfois très compliqué dans un endroit animé et encombré, comme à l'aéroport, à la gare, etc. Comment procéder dans ce cas-là ?

- Attendez patiemment jusqu'à ce que tous les passagers soient sortis avec leurs bagages.
- Préparez des logos et des badges, ce qui facilitera la reconnaissance.
- Allez vers les groupes pour les interroger jusqu'à ce que vous trouviez le bon groupe.
- Concevez une affichette. Quand un touriste arrive dans un pays étranger ou un lieu pour la première fois, rien ne lui fait plus plaisir que de voir qu'il est attendu par quelqu'un qui a prévu sa venue.
- Apportez un drapeau avec le logo de votre agence et placez-vous à un endroit stratégique, visible par tous les voyageurs arrivant.
- Apportez un bouquet de fleurs pour les touristes importants.
- Présentez le directeur de votre agence de voyages au responsable du groupe de touristes, si le directeur est présent.
- Demandez la confirmation du nom du groupe, du pays ou du lieu de provenance ou encore du nom de l'agence de voyages organisatrice, une fois que tous les touristes seront réunis.
- Laissez du temps pour aller aux toilettes si besoin est.

<u>En résumé</u> : Préparez tout le matériel qui facilitera la reconnaissance de vos touristes. Quand vous avez trouvé le bon groupe, contactez rapidement le chauffeur afin qu'il puisse tenir l'autocar prêt à partir.

> **Vocabulaire**
>
> encombré, e *adj.* 阻塞的，拥挤的，堆满的
> procéder *v.i.* 发展，进行
> badge *n.m.* 徽章，像章；标记

● Salutations

✔ Si vous avez le temps, saluez tout le monde courtoisement en serrant la main à chacun. Il est conseillé de serrer la main à un petit groupe de personnes mais si le groupe est composé de plus de 10 personnes, cela ne se fait pas.

✔ Donnez à chacun un signe de tête affirmatif et gardez le contact avec le regard quand vous parlez, comme par exemple en disant « bonjour ».

✔ Demandez au groupe si le voyage s'est bien passé.

En résumé : Saluez toujours chaleureusement et joyeusement vos touristes à leur arrivée. Saluez chaque personne comme individu à part entière et non seulement en tant que membre d'un groupe.

● Regroupement

✔ Repérez à l'avance un lieu idéal, à l'écart de la foule et du bruit (annonces sonores, véhicules, etc). Rassemblez-y le groupe et tous les bagages.

✔ Travaillez avec le guide accompagnateur du groupe pour compter une ou deux fois le nombre de touristes.

✔ Faites immédiatement un rapport à votre entreprise dans le cas où le nombre de visiteurs ne serait pas identique à celui qui était prévu.

✔ Demandez aux touristes de compter à nouveau leurs bagages, vérifiant qu'ils sont intacts et au complet. Aidez les touristes à déposer une réclamation pour tout dommage ou perte constaté. Demandez un remboursement auprès de la compagnie aérienne si l'incident leur est imputable.

✔ Expliquez aux touristes où placer les bagages et précisez le lieu de la destination.

Vocabulaire

courtoisement *adv.* 有礼貌地，
谦恭地
affirmatif *adj.* 肯定的，确定
的；赞成的
identique *adj.* 同样的，一致的
intact, e *adj.* 未经触动的，未
受损坏的
déposer *v.t.* 提交，提呈，提出
réclamation *n.f.* 要求，请求，
抗议
dommage *n.m.* 损失，损害
imputable *adj.* 应归咎于……的

En résumé : Assurez-vous que tout est en ordre, y compris les touristes et leurs bagages.

● Avant de partir en autocar

✔ Emmenez vos touristes directement à l'autocar ou à la limousine.

✔ Marchez assez lentement pour que le groupe puisse vous suivre, mais aussi assez rapidement afin de donner l'image d'une personne sûre d'elle. À vous de trouver le bon rythme !

✔ Prenez spécialement soin des voyageurs qui ont beaucoup de bagages, ou de ceux qui ont des difficultés à se déplacer. En particulier des personnes handicapées et / ou âgées. Aidez-les à ranger leurs bagages et à prendre un siège.

✔ Vérifiez les effets sur les porte-valises, quand tous les touristes sont assis. Assurez-vous qu'aucun bagage ne risque ni de tomber ni d'endommager un autre.

✔ Comptez une autre fois le nombre de passagers, poliment et soigneusement.

✔ Annoncez le départ et demandez à votre chauffeur de démarrer.

✔ Adressez un discours de bienvenue. Si les touristes ne se connaissent pas encore, il vaut mieux les encourager à faire connaissance entre eux. Vous devez contribuer à créer une bonne ambiance dès les premières minutes après une brève présentation de vous-même.

En résumé : Trouvez le bon rythme, le vôtre et celui de votre groupe (il faut s'adapter à chaque situation). Observez toujours s'il y a des touristes ayant besoin de soins spéciaux et si tout le monde est en sécurité. Assurez-vous que le groupe est au complet avant le départ de l'autocar.

Le principe est d'accueillir les touristes poliment et respectueusement, même pour les passagers qui n'ont besoin que de services d'accueil. Vous devez toujours être ponctuel, rapide, patient, correctement habillé et prêt à offrir une aide à chacun, à tout moment.

En un mot, un mauvais accueil n'augure rien de bon pour la suite du séjour. Par contre, quand la première rencontre se passe bien, le guide peut alors espérer établir une bonne relation avec ses touristes pour tout le voyage.

Vocabulaire

endommager *v.t.* 损害，损坏
soigneusement *adv.* 细心地，细致地
démarrer *v.i.* 启动，开动
respectueusement *adv.* 恭敬地，尊重地
rythme *n.m.* 节奏，拍节
représenter *v.t.* 代表
ponctuel, le *adj.* 准时的

Questions

1. Quels sont les principes du service d'accueil ?
2. Comment reconnaître son groupe de touristes ?
3. Qu'est-ce qu'un guide doit faire lorsqu'un touriste ne trouve pas ses bagages ?
4. Comment se faire reconnaître de chaque membre du groupe au moment de l'accueil ?
5. Quels sont les bonnes manières de saluer ?

> **Situation :** L'agence *Kuo Voyage* a organisé un raid : les glaciers de la Voie lactée. Sur place, Monique Delmont qui représente l'agence accueille les participants et leur présente le guide de haute montagne.

Monique : Bonjour, bienvenue au pied du massif de la Haute Maurienne que vous allez bientôt découvrir.

Je me présente : je suis Monique Delmont de l'agence *Kuo Voyage* qui organise ce raid. Je vais vérifier tout d'abord si tout le monde est là.

M. et Mme Arthaud qui viennent de la région parisienne, Bruno Cuche qui a déjà participé à différents raids que nous avions organisés auparavant, Evelyne Dumarest, des environs de Grenoble, qui est aussi une grande sportive, M. et Mme Garcia de Barcelone, et notre benjamin qui a tout juste 18 ans, M. et Mme Cai qui viennent de Beijing.

Bon. Je vais vous rappeler brièvement l'itinéraire du raid que vous avez peut-être déjà étudié dans les documents qui vous ont été envoyés. Tenez, je vous en donne à chacun une copie. Ce soir, montée au refuge des Evettes, le repas a été commandé pour vous au gardien, tout est prêt. Demain, le col du Pré de l'Arc, la selle de l'Albaron et puis descente au refuge de l'Albaron où vous passerez la nuit et, mardi, deux sommets à partir de l'Albaron dont le fameux pic des Étoiles, et de nouveau nuit au refuge de l'Albaron.

Mercredi, départ pour la grande traversée et de nouveau nuit au refuge, mais cette fois au refuge de Mirande, et jeudi retour à la vallée par les Evettes.

Maintenant je vous présente Philippe Devouassoud qui est guide de haute montagne et qui vous accompagnera et répondra à toutes vos questions pendant ces 4 jours.

Philippe va vous dire quelques mots sur les questions de matériel, parce qu'il est spécialiste en la matière. Vous allez passer l'après-midi avec lui. Je ne viens pas avec vous, je vais transporter vos sacs au refuge et vous préparer une surprise pour ce soir. Je vais vous laisser en vous souhaitant un excellent raid, de bonnes jambes et un ciel aussi clément que celui que nous avons aujourd'hui. Si vous avez besoin de contacter l'agence, nos coordonnées sont sur le document que je viens de vous donner. Nous resterons toujours en contact. Nous aurons l'occasion de nous revoir à votre retour. À toi, Philippe !

> **Situation :** Un groupe de touristes venant du Canada est arrivé à l'aéroport de Beijing. Mlle Zhang les accueille. Après que tous sont montés dans l'autocar, Mlle Zhang donne un discours de bienvenue de la part de son agence de voyages *Joyeux Voyage*.

Mlle Zhang : Bonsoir Mesdames, bonsoir Messieurs !

Bienvenue à Beijing ! Nous partons de l'aéroport pour aller en ville où vous allez loger ce soir. Veuillez bien attacher vos ceintures et installez-vous confortablement.

Tout d'abord, je vais vous présenter notre équipe. Voici M. Li Gang, notre chauffeur, qui travaille dans cette agence depuis 15 ans. Il conduit très bien. Et moi, je m'appelle Zhang Yixue, mon prénom français est Élisa. Vous pouvez m'appeler Élisa ou Yixue. Nous venons de l'agence *Joyeux Voyage*. Au nom de l'agence et de tous nos collègues, je vous souhaite la bienvenue !

Je serai votre guide interprète pendant tout votre séjour à Beijing. Nous allons faire de notre mieux pour vous offrir un voyage agréable. Si vous avez des problèmes, n'hésitez pas à m'en faire part. Mon numéro de téléphone est le 152 96 87 43 32. Je vous donne ma carte de visite avec ce numéro. *(distribuer les cartes)* Mon téléphone est branché 24 heures sur 24. Si vous avez besoin, vous pouvez me rejoindre à tout moment.

Nous entrons déjà dans la ville de Beijing. Vous pouvez voir des gratte-ciels et des illuminations quand vous regardez à travers les vitres. Beijing est une ville moderne, avec une longue histoire et une culture brillante. Pendant ces trois jours, nous allons visiter le Temple du Ciel, le Temple des Lamas, la Grande Muraille, les Tombeaux des Ming, la Place Tian'An Men, la Cité Interdite, le Palais d'Été, le Nid d'Oiseaux, c'est-à-dire le stade pour les Jeux Olympiques de 2008 et le Cube d'Eau, la piscine pour les J.O.

Vous venez de l'autre bout de l'Océan Pacifique. Comme dit un proverbe chinois : « N'est-t-il pas agréable d'avoir des amis qui viennent de loin ? » Nous sommes très contents de vous connaître et de vous recevoir. Nous vous souhaitons un excellent séjour. Ce soir, il y a un banquet d'accueil. J'espère que vous aimerez le célèbre canard laqué, vous en avez peut-être déjà mangé à l'étranger, mais ce soir, vous goûterez au vrai canard laqué de Beijing. Je vous parlerai de votre itinéraire durant ces 3 jours à Beijing pendant le repas.

Maintenant, il est 20h35, heure locale. Veuillez mettre vos montres à l'heure, cela facilitera nos rendez-vous. Il nous faut encore 20 minutes pour arriver à l'hôtel. À propos, c'est un hôtel 5 étoiles qui se situe dans le centre ville. Je vous laisse un peu de temps pour vous reposer ou admirer les belles vues du soir à Beijing. Je vous préviens quand on arrive.

Merci pour votre attention !

Exercice 1   Panneaux d'accueil

1.   Voici des panneaux pour accueillir les touristes de différents séjours dans les Alpes. Pour chacun d'entre eux, imaginez les activités principales proposées lors du séjour et le genre de public auquel il s'adresse.

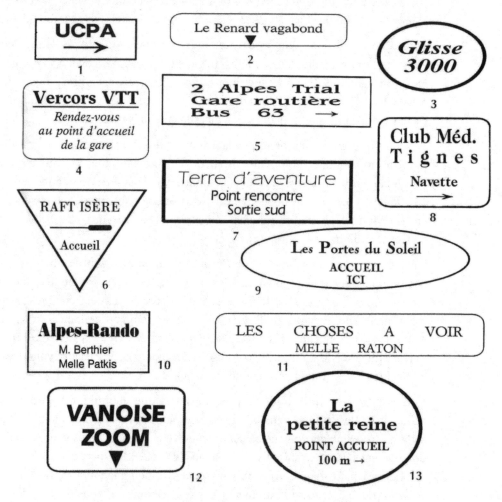

2.   Par groupe, créez des panneaux d'accueil et demandez aux autres étudiants à quel public correspond chacun d'entre eux.

Exercice 2   Relisez le discours de bienvenue I de la partie Dialogue.

1.   Ce discours de bienvenue comprend cinq parties. Quelle est leur fonction ?

1) introduction
2) _____
3) _____
4) _____
5) conclusion

2. Relevez pour chacune des parties les phrases d'introduction. Pour chacune de ces phrases, trouvez trois ou quatre autres phrases équivalentes.

1) _____
_____
_____
_____

2) _____
_____
_____

3) _____
_____
_____

4) _____
_____
_____

5) _____
_____
_____

Exercice 3   Relisez le discours de bienvenue II.

1. Quel est le contenu de ce discours ? D'après vous, quelles sont les éléments importants dans un discours de bienvenue ? Quand faut-il faire un discours de bienvenue ?

2. Imaginez qu'un groupe de touristes arrive dans votre ville natale. Préparez votre discours de bienvenue.

Partie 4
Présentation de lieux touristiques chinois

1.　景点讲解方法之五 制造悬念法

　　制造悬念法俗称"吊胃口"或"卖关子"，是指导游在讲解时提出令人感兴趣的话题，但故意引而不发，给游客留下问号，让他们去思考、琢磨、判断，最后才给出答案。悬念法是一种"先藏后露、欲扬先抑、引而不发"的手法，一旦"发(讲)"出来，会给游客留下特别深刻的印象。

　　设置悬念的方法有很多，例如问答法、引而不发法、引人入胜法、分段讲解法等都可能激起游客对某一景物的兴趣，引起遐想，急于知道结果，从而设置出悬念。利用悬念法往往能在活跃气氛、制造意境、增加游兴、提高导游讲解效果等诸方面起到重要作用。

2.　导游词样例：丽江古城

La vieille ville de Lijiang[1]

Mesdames et Messieurs, nous sommes arrivés à la vieille ville de Lijiang, une des quatre anciennes villes les plus connues en Chine. Cette petite cité d'eau et de pierres n'a pas une histoire banale. Je vais vous la raconter tout au long de la visite. La vieille ville se situe sur un haut plateau, à une altitude de 2 600 mètres. Elle est entourée par le Mont du Singe à l'ouest et ceux de l'Éléphant et de l'Arc-en-ciel au nord. Elle est irriguée par l'eau de l'Étang du Dragon noir. Ainsi, la ville est appelée Dayan, ce qui veut dire « le gros encrier ». Cet encrier est illustré par les nombreux canaux qui coulent comme des filets d'encre sur un gigantesque damier.

Maintenant, entrons dans la ville. La vieille ville de Lijiang a été fondée par la minorité Naxi. Lijiang est aujourd'hui encore le centre culturel de cette ethnie d'appartenance linguistique tibéto-birmane. La communauté matriarcale des Naxi pratique un chamanisme (chama veut dire « Dongba »)[2] empreint d'éléments tibétains, animistes et taoïstes, et elle utilise une écriture pictographique, c'est-à-dire, à base d'images. Les Naxi sont l'une des rares minorités chinoises à posséder ses propres signes.

Les Naxi, dont l'ancien nom est « Moxie », sont les descendants des tribus Qiang qui ont migré depuis le nord de la Chine. Dès l'an 600 de notre ère, on mentionne leur présence dans la

---

① 丽江古城又名大研镇，坐落在丽江坝中部，中国四大古城之一。丽江古城历史悠久，古朴自然，兼有水乡之容、山城之貌。它是一座具有悠久历史的少数民族城市，城市的总体布局和建筑融汉、白、彝、藏各民族精华，并具有纳西族独特风采。

② 东巴文化是纳西族民族文化的重要内容之一。东巴文化指纳西族古代文化，因保存于东巴教而得名，已有1000多年的历史。

région de Lijiang dans des documents historiques. Sous la dynastie des Ming, un souverain Naxi s'est rendu auprès de l'empereur Zhu Yuanzhang et s'en est retourné avec le titre de Premier Administrateur héréditaire. L'empereur l'a reconnu et lui a donné le nom de famille Mu. « Mu » veut dire « bois » en français. C'était une partie du caractère de son propre nom Zhu. *(montrer les deux caractères aux touristes)* Pendant près de 700 ans, les souverains  Mu se sont succédés à la tête du royaume Naxi, 22 générations ont payé régulièrement leur tribut à l'Empire sous forme d'argent et de grains. Grâce à eux, Lijiang s'est développée et de nombreux temples ont été construits. Bouddhisme, taoïsme et lamaïsme ont ainsi prospéré.

Nous arrivons à la place Carrée. C'est le centre de la ville. Quatre rues principales se réunissent ici. Il y a quelques années, un petit marché se tenait quotidiennement ici. Il a été déplacé à la périphérie de la ville comme vous le voyez. Si on vient l'après-midi, on verra des femmes Naxi chanter et danser sur la place. Elles sont vêtues de leur costume traditionnel : un pantalon, une blouse bleue resserrée à la taille par une ceinture et surtout, la fameuse cape en peau de mouton sur laquelle sont brodées sept étoiles. Vous voyez ces gens avec de grands chevaux ? Ils s'appellent Mabang, des cavaliers Naxi qui proposent des promenades à cheval. Avant, les Mabang s'occupaient de transporter des marchandises d'un village à un autre pour faire du commerce.

Derrière nous, dans la Rue Dongdajie, se trouve la salle de concert Dongba. On y reviendra ce soir pour écouter de la musique Naxi. La musique Naxi était pratiquée uniquement par les seigneurs. Elle comptait dans son répertoire de vieux airs taoïstes, d'autres issus de cérémonies confucéennes ainsi que des chants de cour que l'on ne trouve plus qu'à Lijiang maintenant. Aujourd'hui, la vieille ville possède toujours plusieurs orchestres Naxi, animés par de vieux musiciens. Ils utilisent des instruments originaux, comme le sugudu, le quxiang, le sheng[1], etc. Lijiang est la seule vieille ville en Chine sans murs autour. Pourquoi ? Je vous donnerai la réponse quand vous aurez écouté la musique ce soir. Je vous donne un indice tout de même dès maintenant : Lijiang a été sous le contrôle des Mu pendant 700 ans.

Le pont que nous traversons s'appelle le Pont de Suocui. Il y a plus de 350 ponts dans cette vieille ville. La ville est parcourue par des cours d'eau qui viennent principalement de l'Étang du Dragon noir. Ces cours d'eau passent chez toutes les familles et dans toutes les rues. C'est pourquoi le surnom de cette ville est « Venise Orientale ». Les habitants locaux établissent leurs propres façons d'utiliser l'eau. Quand ils creusent un puits, ils construisent 3 bouches à hauteurs différentes. La première en haut sert à boire directement, la deuxième est réservée à laver les fruits et les légumes et la dernière est pour faire la lessive.

Reposons-nous dix minutes. Prenez des photos si vous en avez envie. Nous allons voir un quartier typique Naxi avec une architecture originale.

---

① 苏古杜，纳西族乐器，流行于云南省丽江纳西族自治县一带；曲项，我国纳西族的一种乐器，全称为 "曲项琵琶"；笙，我国古老的簧管乐器，历史悠久，能奏和声。

Vocabulaire

plateau	*n.m.*	高原
altitude	*n.f.*	高度；海拔
irriguer	*v.t.*	灌溉
encrier	*n.m.*	墨水瓶，墨斗
gigantesque	*adj.*	宏伟的，巨大的
damier	*n.m.*	国际跳棋的棋盘；异色方格饰
matriarcal,e	*adj.*	母系社会的
empreindre	*v.t.*	压印；<书>铭刻，留标记，留痕迹
pictographique	*adj.*	图画文字的
migrer	*v.i.*	移居，迁徙
héréditaire	*adj.*	可转让的；可继承的
périphérie	*n.f.*	周边
répertoire	*n.m.*	目录；（知识等的）宝库

Noms propres

le Mont du Singe	猴子山
le Mont de l'Éléphant	象山
le Mont de l'Arc-en-ciel	金虹山
l'Étang du Dragon noir	黑龙潭
Dayan	大研镇
Naxi	纳西族
les tribus Qiang	羌人
la place Carrée	四方街
la Rue Dongdajie	东大街
le Pont de Suocui	锁翠桥

Sujets de réflexion

Choisissez un des sujets ci-dessous et faites un court exposé.

1. Présentez la culture de Chama.
2. Qu'est-ce que la musique de Naxi ?
3. Quels sont les caractéristiques de la vieille ville de Lijiang dans le domaine architectural ?
4. À part le Naxi, combien y a-t-il d'ethnies différentes dans la province du Yunnan ? Présentez une ethnie minoritaire.
5. La vieille ville de Lijiang était un centre d'affaires sur la Route du Thé (Cha Ma Gu Dao). Présentez cette Route du Thé.

LEÇON 8

Préparez-vous !

Les difficultés principales pour les guides débutants

Être guide n'est pas facile. C'est un travail exigeant et plein de défis. Il est demandé de travailler en autonomie et d'être responsable de tout le séjour des touristes. Quand on débute, cela peut être encore plus difficile. Voici les principales difficultés pour un jeune guide :

● **Manque de savoirs ou de savoir-faire**

✔ **Niveau de langue étrangère insuffisant**. Quelquefois, certains guides débutants ne possèdent pas un bon niveau en langue étrangère pour communiquer avec les touristes. Pourtant, ils peuvent faire des présentations de sites ou monuments en langue étrangère. Oui, mais le texte qui a été préparé à l'avance et appris par cœur n'est pas suffisant pour la présentation. Le guide n'est pas apte alors à discuter avec les touristes et à répondre à des questions un peu hors sujet. La présentation peut toucher l'histoire, la culture, la géographie, l'architecture, etc. Un guide, qui ne connaît pas beaucoup de vocabulaire dans les domaines concernés, qui ne peut pas bien s'exprimer, qui ne répète que des phrases qu'il connaît, est mal suivi par les touristes.

✔ **Manque de profondeur des savoirs**. Les touristes cultivés apprécient avoir une discussion en profondeur avec le guide au sujet de personnalités, histoire, littérature, mythes, légendes, coutumes et d'autres aspects locaux. Les guides débutants sont relativement faibles dans les domaines où il faut du temps pour accumuler des savoirs.

✔ **Méconnaissance de l'endroit à visiter**. Les touristes se plaignent parfois que leur guide débutant ne connaît pas très bien les sites visités. Durant la visite, il s'arrête plusieurs fois pour demander le chemin, ce qui lui fait perdre la confiance et l'estime des touristes et peut

Vocabulaire

débutant, e *adj.* 初出茅庐的，新手的

cultivé, e *adj.* 有学问的，有教养的

se plaindre *v.pr.* 抱怨，埋怨

provoquer des mécontentements et des ennuis.

✔ **Méconnaissance de l'hôtel**. Quand un guide n'est pas familiarisé avec l'hôtel et ses services, il est malheureusement possible de rater la mission ou que le départ soit retardé.

✔ **Manque de connaissances interculturelles**. Quelquefois, les guides débutants n'ont pas conscience des différences culturelles entre les différentes nationalités. Il faut les connaître et les respecter. Aussi, il faut savoir les tabous dans les diverses cultures pour éviter les impairs pendant l'animation.

● Manque d'expérience

✔ **Mauvaise gestion du temps.** Quand un guide débutant anime un groupe, souvent il ne maîtrise pas bien le temps. Il ne sait pas combien de minutes il faut prévoir pour faire telle ou telle activité, par exemple, visiter un site, prendre un repas ou aller à l'aéroport.

✔ **Manque d'aisance pour la prise de parole face à un groupe**. Il arrive souvent qu'un guide débutant fasse des narrations monotones et non-attrayantes, ce qui endort facilement les touristes. Ou bien il n'est pas sûr de lui-même et il parle faiblement si bien que les touristes n'arrivent pas à l'entendre ni à le suivre. Il faut de l'entraînement pour faire des discours intéressants.

✔ **Manque d'observation.** Parfois, les guides débutants suivent strictement l'itinéraire malgré la fatigue ou les besoins des touristes (faim, soif, etc). Ils continuent la visite sans se rendre compte que des touristes se sont égarés. Cela peut paraître impensable, cependant, cela peut arriver.

✔ **Manque d'esprit de coopération.** Il y a toujours une coopération entre le chauffeur et le guide, le guide interprète et le guide accompagnateur, l'agence de voyages, l'hôtel et le restaurant. Les guides débutants ont quelquefois des difficultés à avoir de bonnes relations avec les différents intervenants.

✔ **Les commentaires ne sont pas adaptés au public.** Les guides débutants ne gèrent pas bien les commentaires. Quelquefois, ils font des commentaires trop techniques et littéraires et parfois au contraire, ils font des commentaires trop communs et superficiels. Il faut retravailler et adapter les présentations en fonction du public.

✔ **Manque de confiance en lui-même**. Quand il y a des situations d'urgence, certains guides débutants ne savent pas quoi faire. Ils n'ont pas assez confiance en eux-même et paniquent. En cas d'urgence, n'oubliez pas que le guide est responsable du groupe. Il doit être la personne de référence pour les touristes dans toutes les situations.

> **Vocabulaire**
>
> interculturel, le *adj.* 跨文化的，不同文化间的
> interprétation *n.f.* 解释，说明
> narration *n.f.* 叙述，讲述
> monotone *adj.* 单调的，千篇一律的
> superficiel, le *adj.* 表面的，肤浅的

Pour améliorer le travail des guides débutants, voici quelques propositions :

● Quelques conseils pour bien guider

- ✔ Connaître son public (nationalité, âge, intérêt, culture...), si possible à l'avance.
- ✔ Bien gérer le temps de la visite (vue d'ensemble, visite détaillée).
- ✔ Être à l'écoute des visiteurs.
- ✔ S'exprimer clairement et à voix haute.
- ✔ Adapter ses commentaires au groupe.
- ✔ Se documenter continuellement pour toujours enrichir ses connaissances.
- ✔ S'entraîner à parler le plus souvent possible la / les langue(s) étrangère(s) connue(s). Améliorer son expression.
- ✔ S'entraîner à présenter les commentaires avant de les proposer pendant les visites aux touristes.
- ✔ Être poli, ouvert, curieux et tolérant, prêt à recevoir les gens de toutes cultures. Avoir conscience des différences interculturelles.
- ✔ Connaître le circuit et le chemin par cœur.
- ✔ Bien connaître les hôtels et les restaurants avant que les touristes n'arrivent.
- ✔ Être observateur et compréhensif. Prendre conscience des besoins des touristes.
- ✔ Être responsable et sérieux dans le travail.
- ✔ Être coopératif avec l'équipe de travail.
- ✔ Être à l'écoute des guides expérimentés.
- ✔ Créer une ambiance agréable et amicale.
- ✔ S'inscrire aux formations professionelles.
- ✔ Rester toujours souriant et enthousiaste.

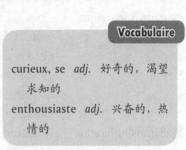

Vocabulaire

curieux, se *adj.* 好奇的，渴望
　　求知的
enthousiaste *adj.* 兴奋的，热
　　情的

Questions

1. D'après vous, pour un guide débutant, est-il nécessaire de faire un stage avant de commencer le travail tout seul ? Justifiez votre réponse.
2. Quelles sortes de lecture un guide doit-il faire ?
3. Comment un guide prépare-t-il ses commentaires ?
4. Quelles sont les connaissances de base pour un guide ?
5. Est-ce que vous avez fait des stages de guide ? Si oui, partagez vos expériences avec vos camarades de classe.

> **Situation :** Simon Zhang est un nouvel agent qui s'occupe des inscriptions des touristes franco-phones. Colette Guillaume veut annuler sa réservation par téléphone. Simon lui répond en ligne.

Standardiste :	Agence *Joyeux Voyage*. Bonjour !
Madame Guillaume :	Allô. Monsieur Zhang ?
Standardiste :	Attendez, je vous le passe.
Madame Guillaume :	Merci bien.
Simon :	Simon Zhang au téléphone. Bonjour.
Madame Guillaume :	Bonjour, Monsieur Zhang. C'est Colette Guillaume à l'appareil. Mon mari et moi, nous avions acheté des billets pour la Thaïlande il y a un mois, il y a malheureusement un problème !
Simon :	Qu'est-ce qui se passe, Madame Guillaume ?
Madame Guillaume :	Mon mari est à l'hôpital depuis ce matin.
Simon :	Je suis désolé. C'est grave ?
Madame Guillaume :	On a eu peur mais heureusement, il sortira de l'hôpital dans quelques jours. C'est pourquoi je dois annuler notre voyage en Thaïlande. Vous allez pouvoir me rembourser ?
Simon :	Je vais voir ce que je peux faire. Je vais tout de suite consulter votre dossier, et je vous rappellerai dans 10 minutes, ça va, Madame Guillaume ?
Madame Guillaume :	D'accord. Merci.
Simon :	*(Après avoir raccroché, Simon sort le dossier de la cliente. Il relit rapidement le contrat de l'entreprise pour assurer qu'il a bien compris les règles de la compagnie. Il discute quelques minutes du cas avec son collègue. Après il rappelle Madame Guillaume.)* Bonjour ! C'est bien Madame Guillaume ?
Madame Guillaume :	Oui, bonjour !
Simon :	C'est Simon Zhang de la part de l'Agence *Joyeux Voyage*. Je vous rappelle comme convenu. Vous n'avez pas souscrit d'assurance annulation, vous perdrez donc 50% du prix total.
Madame Guillaume :	50% ! Je ne comprends pas...
Simon :	Vous annulez votre voyage seulement sept jours avant votre départ, et donc notre agence vous remboursera environ 3200 yuans pour deux personnes.
Madame Guillaume :	Mais nous avons payé 6 500 yuans !
Simon :	Oui, c'est dommage. Mais je vous propose une autre solution. Vous

	pouvez aussi céder ce séjour à deux personnes de votre choix et vous n'aurez pas besoin de payer de frais pour le changement.
Madame Guillaume :	Ah oui, c'est la meilleure solution. Je vais demander à mes enfants qui sont chez nous aujourd'hui. Un instant, s'il vous plaît. *(deux minutes après)* Allô, c'est d'accord !
Simon :	Vous avez les noms des personnes qui vous remplaceront ?
Madame Guillaume :	Oui, ma fille et mon gendre : M. et Mme Renaut. R.E.N.A.U.T, Françoise et Damien. Leurs numéros de passeport sont 09 AA 02848 et 03 BB 12345.
Simon :	Bien, j'ai changé les noms sur les billets et les réservations, et je vous les envoie par fax immédiatement.
Madame Guillaume :	Merci bien.
Simon :	De rien, Madame. Je vous souhaite une bonne soirée, et n'hésitez pas à nous rappeler s'il y a un problème.
Madame Guillaume :	Merci, au revoir.
Simon :	Au revoir.

Dialogue II – Conseils pour un guide débutant

Situation : Lao Wang, guide accompagnateur de l'agence *Joyeux Voyage*, exerce depuis trente ans sa profession. Xiao Zhang, guide débutant, accompagnera seul pour la première fois un groupe de touristes le lendemain. Voici la conversation entre Xiao Zhang et Lao Wang.

Xiao Zhang :	Bonjour Lao Wang. Tu vas bien ?
Lao Wang :	Oui, et toi ?
Xiao Zhang :	Je suis un peu nerveux. Demain, ce sera la première fois que j'accompagne un groupe pendant tout le trajet.
Lao Wang :	Est-ce que tu as vu la liste des touristes ? Combien sont-ils ?
Xiao Zhang :	Oui. Ils sont 25, quinze hommes et dix femmes. Ils viennent du Québec. La plupart d'entre eux sont à la retraite.
Lao Wang :	Ne t'inquiète pas. Les québécois sont très aimables et patients. L'avion arrive à quelle heure ?
Xiao Zhang :	À 10 h 30 du matin.
Lao Wang :	Je te conseille de partir de l'agence à 9 h au plus tard. Il y a toujours des embouteillages le matin.
Xiao Zhang :	Ah bon, je vais téléphoner au chauffeur pour partir une demi-heure plus tôt alors. Au début, je pensais qu'il fallait du temps aux touristes pour passer la douane et que l'on n'avait pas besoin de partir trop tôt.
Lao Wang :	Tu as raison, mais il y a des travaux sur la route en ce moment, la circulation

est ralentie encore plus aux heures de pointe. N'oublie pas d'apporter ta pièce d'identité, carte de guide et tous les documents, les contacts des guides locaux et des agences de voyages de ce trajet.

Xiao Zhang :   Oui, je les ai déjà mis dans mon sac.

Lao Wang :   Comme dans ce groupe, la plupart des touristes sont des personnes âgées, il te faut faire attention à leur condition de santé. Quand il y a du soleil dans le sud, ne les laisse pas s'exposer trop longtemps sous le soleil. Évite de les faire marcher trop longtemps.

Xiao Zhang: D'accord. Je vais le dire aux guides locaux aussi.

Lao Wang :   Avoir une bonne relation avec les touristes, les chauffeurs et les guides, est très important. L'agence a demandé aux autres compagnies d'envoyer les guides locaux qui possèdent beaucoup d'expérience. Alors rassure-toi. Je pense qu'il n'y aura pas de problème.

Xiao Zhang :   Merci. Je te tiens au courant quand je rentre.

Partie 3
Façon de s'exprimer

Exercice 1   L'expression des guides

Voici les expressions utilisées fréquemment par les guides. Associez les expressions aux fonctions.

A.   Je vais maintenant vous parler de...
      À propos de votre voyage proprement dit, je tiens à vous dire que...
      Quant au / à...
      En ce qui concerne le / la / les /..., je tiens à vous préciser...
      Voici quelques précisions à propos de...
      Derniers points : votre hébergement / voyage...

B.   Salut à tous.
      Bonjour, Mesdames et Messieurs.
      Bienvenue à / en...
      Soyez les bienvenus.
      Bienvenue à toutes et à tous.
      Je vous souhaite la bienvenue.
      Je suis heureux de vous accueillir à / en / au...

C. Je vous rappelle brièvement l'itinéraire / le programme...

Revoyons rapidement ensemble le programme de votre voyage / séjour / excursion...

Il me semble utile de rappeler les étapes de notre circuit.

Il est bon de ...

Il serait bon de...

Il ne me paraît pas inutile / superflu de revoir / de rappeler ensemble le programme.

D. Tout d'abord, je vais vérifier / pointer/ cocher/ voir si tout le monde est là.

Pouvez-vous me donner votre nom pour que je puisse cocher sur ma liste.

Donnez-moi votre nom, s'il vous plaît...

Je vais appeler chacun d'entre-vous pour vérifier ma liste.

Je demanderais à chacun de répondre à l'appel de son nom pour...

Vous serez gentil de...

Je vous demande de bien vouloir répondre à l'appel de votre nom.

E. Je vous laisse maintenant et je vous dis à 3 heures.

Nous nous retrouvons dans 2 heures.

Maintenant si vous voulez bien me suivre, je vais vous indiquer...

Maintenant, nous allons commencer...

Nous partons dans 20 minutes.

Maintenant je vous laisse vous installer dans votre chambre.

Maintenant je vous laisse vous installer dans le bus car nous allons partir dans 5 minutes.

F. Je vais vous laisser en vous souhaitant...

Je vous dis au revoir.

Je vous laisse en compagnie de...

C'est maintenant le directeur qui va...

G. Je me présente....

Et bien voilà, je suis...

Je m'appelle...

Permettez-moi de me présenter...

H. Et maintenant, laissez-moi vous présenter...

Permettez-moi de vous présenter...

Je vous présente...

Voici Monsieur Bouchard qui...

Je laisse la parole à Monsieur Bouchard qui...

Et bien à toi / vous pour...

I. Ça va ?

C'est clair ?

C'est compris ?

Vous comprenez ce que je dis ?

Est-ce que vous avez compris ?

J. S'il vous plaît !

Un moment, s'il vous plaît !

J'ai quelques mots à vous dire.

Fonctions :

1. salutations	
2. se présenter	
3. présentations des participants	
4. bref rappel du programme	
5. gestion du temps	
6. « votre rôle s'arrête là »	
7. présentation des points spécifiques du programme : confort des chambres, du bus, le matériel (pour les raids ou excursions), etc.	
8. présenter une autre personne	
9. demander le silence	
10. vérifier que tout est bien compris	

Exercice 2   L'expression du temps

Entourez la bonne réponse.

1. (En) / (Au) / (Il y a) 1644, l'armée des Huit Bannières a gagné la guerre et est entrée dans la ville de Beijing.
2. La Cité Interdite a été édifiée (au) / (pendant) / (sous) l'empereur Zhu Di.
3. (La) / (Le) / (Les) 14 juillet 1789, la population de Paris a pris la prison de la Bastille.
4. Le musée national va ouvrir (dans) / (il y a) / (pendant) dix minutes.
5. La Tour Eiffel a été érigée (pendant) / (dans) / (il y a) plus d'un siècle, en 1889.
6. Beijing est devenue la capitale de la Chine (depuis) / (pendant) / (en) 1153, (au) / (sous) / (de) la dynastie des Jin.
7. Ce musée est en travaux, il est fermé au public (depuis) / (il y a) / (dans) deux mois. On ne peut pas le visiter maintenant.
8. Ce parc vient de rouvrir ses portes, il a été fermé au public (depuis) / (pendant) / (dans) deux mois.

Comment dire ?

L'expression du temps

Se situer dans le temps

- **en + année** : l'Arc de Triomphe a été construit en 1806.
- **de...à...** : de 1949 à 1978
- **au + siècle** : L'avenue des Champs-Élysées a été dessinée au XVIIe siècle.
- **sous + nom du souverain / de la dynastie** : Sous Xiao Zhang XIV, sous la dynastie des Tang
- **il y a** (moment du passé où l'action a eu lieu) : Ce momument a été édifié il y a cinq siècles.
- **dans** (moment du futur où l'action aura lieu) : La visite commencera dans une heure.

Exprimer la durée

- **pendant / durant** (durée effective) : L'Empereur Qianlong a régné pendant 60 ans.
- **depuis** (durée non achevée avec point de départ dans le passé) : La Cité Interdite accueille des visiteurs depuis 1949.

Exercice 3 Jeux de rôle

Vous êtes guide dans votre ville. Vous accueillez un groupe de touristes francophones et les faites visiter votre ville. Vous devez présenter votre équipe (guide local, chauffeur, etc.) et faites la présentation de l'histoire de votre ville.

Partie 4

Présentation de lieux touristiques chinois

1.　景点讲解方法之六 类比法

　　类比法，就是以熟喻生、触类旁通的讲解方法。即用游客熟悉的事物与眼前的新鲜景物进行比较，便于他们理解，使他们感到亲切，从而达到事半功倍的效果。

　　1. 同类相似类比：将相似的事物进行比较，比如将梁山伯与祝英台的故事同罗密欧与朱丽叶的故事相比。

　　2. 同类相异类比：将两种景物就规模、质量、风格、文化价值等方面进行比较。比如在宫殿建筑和皇家园林的风格与艺术特色方面，将北京的故宫与巴黎的凡尔赛宫相比，将颐和园与凡尔赛宫花园相比等。

　　3. 时代之比：可将年号、帝号纪年转换为公元纪年。比如在游览沈阳故宫时，导游人员若讲解说它建成于清崇德元年，不会有几个外国游客知道这是哪一年。如果说它建成于公元1636年，游客会很难记住那么久远的年代，但如果说在莎士比亚逝世后20年，中国人就建成了面前的宫殿建筑群，这不仅便于外国游客记住沈阳故宫的修建年代，给他们留下深刻印象，还会使外国游客产生对历史悠久的中华文明的向往。

2. 导游词样例：外滩与南京路

Le Bund[1] et La Rue de Nanjing[2]

Mesdames, Messieurs, nous voilà sur Le Bund, ce qui signifie rive ou quai. L'histoire du Bund date de l'époque de la Concession Internationale. À cause de l'échec de la Guerre de l'Opium qui a duré de 1839 à 1842, la dynastie des Qing fut obligée de signer le premier traité inégal avec les Occidentaux qui ouvrait Shanghai, ainsi que quatre autres ports méridionaux, au commerce étranger. Selon ce traité, Shanghai devenait le modèle du système des concessions : ces territoires, qui restaient formellement chinois, relevaient de la législation des autorités étrangères et leurs résidents jouissaient de l'extraterritorialité, c'est-à-dire qu'ils dépendaient de leur consul ; la Chine continuait toutefois d'y percevoir des taxes douanières et foncières. Mais, en effet, la perception des taxes par l'administration chinoise était gérée directement par les Occidentaux via les douanes maritimes.

C'est pourquoi le Bund est jalonné de somptueux édifices de style européen et de banques ou de compagnies coloniales des années 1930. Le style architectural des 52 bâtiments du Bund varie du style roman au style gothique, en passant par les styles de la Renaissance, du baroque, du néo-classique, des Beaux-Arts et enfin de l'Art déco. Ainsi le Bund est appelé « l'Exposition d'Architecture universelle ».

Le Bund a un autre surnom le « Wall street oriental ». Savez-vous pourquoi ? En fait, de l'époque de la Concession Internationale jusqu'au début du XXe siècle, de nombreuses banques étrangères et chinoises se sont installées ici. Jusqu'à maintenant, le Bund a attiré et attire toujours les plus prestigieux établissements bancaires ainsi que les grandes griffes de la mode. Il forme ainsi la vitrine de la réussite shanghaïenne.

La promenade sur le Bund est une activité incontournable, de jour comme de nuit. Vous pouvez venir tôt le matin pour voir les Shanghaiens faire leur gymnastique quotidienne, le Tai chi chuan, et le soir, pour admirer, comme vous pourrez le constater dans quelques heures, le spectacle des lumières qui éclairent les deux rives de le Fleuve Huangpu.

Maintenant, en face de nous, c'est la Rue de Nanjing, une des principales voies commerçantes connues en Chine. C'est un paradis pour faire les courses. Dans cette rue, vous pouvez trouver tout ce que vous voulez au monde. Comme les Champs-Élysées à Paris ou la 5e Avenue

---

① 外滩位于上海市中心区的黄浦江畔，是上海的风景线以及到上海观光的中外游客必到之地。

② 南京路是位于上海市中心的一条世界知名商业街，包括南京东路和南京西路，全长约5.5公里。南京东路东起外滩，西至西藏中路，全长1599米，一直以来被誉为中华商业第一街。

à New York, des deux côtés de la Rue de Nanjing sont installés de très nombreuses boutiques, grandes ou petites. Vous y trouverez les marques de luxe et de haute couture (Bulgari, Chanel, Dior, Gaultier, Vuitton, etc.) ainsi que les vêtements quotidiens. Dès la tombée de la nuit, il y a toujours une concurrence féroce à coups de néons entre ces magasins qui rivalisent pour attirer les clients.

La Rue de Nanjing, c'est aussi une rue pour les gourmands internationaux. Des centaines de restaurants offrent toutes les sortes de cuisines : celles des différentes régions de la Chine, celles du Japon, de la Russie, de l'Italie, de l'Allemagne, de la France, etc. Vous trouverez aussi de grands hôtels dans cette rue.

La Rue de Nanjing commence ici sur le Bund et va vers l'ouest jusqu'au Temple Jing'an[1]. Elle est longue de 5,5 km. Il y a un magasin qu'il ne faut surtout pas manquer pendant votre promenade : c'est le Grand Magasin N°1. Il se trouve près de la Place du Peuple. À l'est de cette place, la partie piétonne de la Rue de Nanjing est bordée par les plus anciens grands magasins de Shanghai, et de Chine. Ils se sont installés au début du XXe siècle, vers 1910. Et le Grand Magasin N°1 en est le plus emblématique. Il présente une façade courbe et vernis à l'angle nord-est de la Place du Peuple. Il était le premier à être équipé d'escaliers mécaniques en Chine.

Maintenant c'est l'heure de la visite libre. Vous pouvez vous promener sur le Bund et dans la Rue de Nanjing. On se retrouve ici à 18 h, cela vous laisse trois heures. Tout le monde se souvient de l'endroit où on s'est garé ? Très bien. Tout le monde a mon numéro de téléphone ? Parfait ! Bonne promenade. À plus tard !

Vocabulaire

concession	n.f.	租界，租借地
méridional, le	adj.	南面的，南方的
extraterritorialité	n.f.	治外法权
percevoir	v.t.	征收
jalonner	v.t.	立标杆，划出
somptueux, se	adj.	奢侈的，豪华的
gothique	adj.	哥特式的
néo-classique	adj.	新古典主义的
prestigieux, se	adj.	享有盛名的
griffe	n.f.	印记，商标
féroce	adj.	残酷的，极度的
néon	n.m.	霓虹灯

① 静安寺位于上海市静安区南京西路1686号，是江南地区历史悠久、颇具影响的古刹之一。

rivaliser	*v.i.*	竞争，匹敌
emblématique	*adj.*	作为象征的，作为标志的
courbe	*adj.*	弯曲的

Noms propres

le Bund	外滩
la Rue de Nanjing	南京路
la Concession Internationale	国际租界
la Guerre de l'Opium	鸦片战争
la Renaissance	文艺复兴
le Tai chi chuan	太极拳
la 5ᵉ Avenue à New York	纽约第五大道
Bulgari	宝格丽 (意大利奢侈品牌)
Chanel	香奈儿 (法国奢侈品牌)
Dior	克里斯汀·迪奥 (法国奢侈品牌)
Gaultier	高缇耶 (法国奢侈品牌)
Vuitton	路易威登 (法国奢侈品牌)
le Temple Jing'an	静安寺
le Grand Magasin N°1	上海第一百货商店

Sujets de réflexion

Choisissez un des sujets ci-dessous pour faire un court exposé.

1. Présentez l'histoire contemporaine de Shanghai à partir de l'époque de la Concession Internationale.
2. Pourquoi le Bund est-il appelé « l'Exposition d'architecture universelle » ? Comparez les styles d'architecture des bâtiments sur le Bund.
3. Pourquoi le Bund a-t-il l'autre surnom de « Wall street oriental » ?
4. En face du Bund, à Puxi, qu'y a-t-il ? Présentez cette zone avec des photos.
5. Comparez la Rue de Nanjing et les Champs-Elysées à Paris.

LEÇON 9

Texte

À l'hôtel

Le guide ne peut pas partir tout de suite après avoir accompagné le groupe à l'hôtel. Il doit aider les touristes pour l'enregistrement à la réception, distribuer les chambres et s'assurer qu'il n'y a aucun problème. Voici quelques conseils et recommandations :

● **Arrivée à l'hôtel**

✔ Demandez au groupe d'attendre dans le hall et allez à la réception pour l'enregistrement de tous les touristes.

✔ Précisez à la réception les changements de chambres ou les demandes spéciales, s'il y en a.

✔ Vérifiez soigneusement la liste des chambres et distribuez toutes les clés données par l'accueil. Il est conseillé de donner une copie de la liste au concierge afin que les bagages soient livrés correctement.

✔ Informez-vous de la localisation des chambres, des services proposés par l'hôtel, de leur emplacement et heures d'ouverture, tels que piscine, gymnase, centre de massage ou celui de beauté, restaurant, bar, etc.

✔ Précisez à la réception si le groupe a besoin d'être réveillé le matin. Souvent le réveil aura lieu une heure avant le départ pour laisser le temps aux touristes de se préparer et de prendre le petit déjeuner.

● **Distribution des clés**

✔ Avant de distribuer les clés, vous devez confirmer aux touristes toutes les informations importantes, par exemple : l'heure du réveil, du petit-déjeuner et du point de rassemblement pour le départ, la salle de restaurant,

> **Vocabulaire**
>
> hall *n.m.* 酒店大堂
> soigneusement *adv.* 细心地, 仔细地
> concierge *n.* 守门人，行李收集人

l'itinéraire du jour-même et celui du lendemain, les services de l'hôtel et ses disponibilités, etc.

✔ Donnez des conseils nécessaires, par exemple, concernant le pressing, il faut au moins une journée et il vaut mieux ne pas laisser laver des vêtements délicats.

✔ Les chambres doivent être distribuées équitablement. Demandez aux touristes de ne pas changer de chambres sans vous prévenir. Les modifications sont possibles, mais pour des raisons de sécurité et d'assurance, vous devez en être averti.

✔ Si le guide national et le guide international se logent dans le même l'hôtel que les touristes, ils doivent donner les numéros de leurs chambres et ceux de leurs téléphones aux touristes pour qu'ils puissent être joints en cas de problèmes.

✔ Après que tous les touristes sont entrés dans leurs chambres, vous attendez un moment au même étage pour vérifier qu'ils n'ont pas de problème, tels que la clé de chambre qui ne marche pas, la propreté, quelque chose de cassé ou qui ne fonctionne pas, les bagages qui n'ont pas été livrés correctement, des touristes qui demandent à changer de chambre ou qui doutent de la qualité de l'hôtel, etc. Vous devez les aider à régler ces problèmes, demander l'aide de l'hôtel ou faire un rapport à votre agence de voyages si cela est nécessaire.

● **Le départ**

✔ La veille du départ, informez le concierge de l'heure de départ afin qu'il transporte les bagages du groupe. Généralement, il faut de trente minutes à une heure pour transporter les bagages.

✔ Avant que vous ne régliez les frais du groupe, tous les touristes doivent régler les services supplémentaires qu'ils ont individuellement dépensés et qui ne sont pas inclus dans le prix de la nuit, tels que les appels téléphoniques, films, pressing, etc. Il vaut mieux leur rappeler de régler l'addition la veille du départ ou le matin du jour du départ, avant le petit déjeuner, l'accueil étant souvent occupé en fin de matinée.

✔ Au moins une heure avant le départ, vous réglez les frais du groupe. Si des touristes n'ont pas encore payé leurs frais, vous demandez à l'hôtel leur numéro de chambre et rappellez personnellement aux touristes de régler les frais le plus vite possible. C'est pourquoi il faut demander aux touristes de ne pas changer de chambres sans vous prévenir. Ainsi s'il arrive quelque chose, vous pourrez les contacter rapidement et facilement.

✔ Rappelez aux touristes d'apporter toutes leurs affaires si l'on ne revient pas dans le même hôtel le soir suivant.

✔ Généralement, il faut quitter les chambres avant midi. L'hôtel accepte de dépasser cette heure selon la demande et la disponibilité.

Vocabulaire

pressing *n.m.* 洗衣店，熨衣店（英）

Questions

1. En arrivant dans un hôtel, que doit faire un guide ?
2. Pourquoi un guide doit-il attendre un instant après que les touristes sont entrés dans leurs chambres ?
3. Pourquoi faut-il demander aux touristes de ne pas changer de chambres entre eux sans vous en avertir ?
4. Si un touriste n'est pas content de l'hôtel, que pouvez-vous faire ?
5. Si des touristes ne payent pas leurs frais personnels, que ferez-vous ?

Partie 2
Dialogues

Dialogue I – Réserver une chambre

> **Situation :** Hélène Li est guide de l'Agence *Joyeux Voyage*. Elle téléphone à l'hôtel Chenxing afin de réserver des chambres pour un groupe de 16 personnes en provenance de France. Une réceptionniste répond.

La réceptionniste :	Hôtel Chenxing, bonjour !
Hélène :	Bonjour. C'est Hélène Li de la part de l'Agence *Joyeux Voyage*. Je voudrais faire une réservation pour un groupe de 16 touristes français et un guide international. Je voudrais 9 chambres standard.
La réceptionniste :	Très bien. Pour quelle date ?
Hélène :	Du 31 avril au 3 mai.
La réceptionniste :	Un instant, s'il vous plaît. Je vais voir s'il y a des chambres disponibles pour cette période. Comme vous le savez, en haute saison, avec les congés du premier mai, nous avons beaucoup de réservations. (Quelques secondes plus tard) Madame Li, il ne nous reste que 9 chambres standard pour ces quatre nuits. Vous voulez que je les réserve maintenant ?
Hélène :	Oui, s'il vous plaît. Quel est le prix ?
La réceptionniste :	800 yuans par chambre et par nuit.
Hélène :	Est-ce qu'il y a toujours un prix pour les groupes comme c'est écrit dans le contrat, malgré les fêtes ?
La réceptionniste :	Oui, 10% de rabais.
Hélène :	D'accord.
La réceptionniste :	À propos, comme c'est une réservation pour un groupe et en période de haute saison, vous devez verser un acompte de 30% du montant total et vous règlerez le reste lors de votre départ.
Hélène :	Pas de problème. Je vais vous envoyer un chèque le plus vite possible.

Pourriez-vous m'envoyer la confirmation de réservation et le montant de l'acompte ?

La réceptionniste : Bien sûr. Pourriez-vous me donner votre numéro de fax ?

Hélène : 010-68685757. Hélène Li.

La réceptionniste : Je vous envoie les informations tout de suite. Est-ce que vous avez d'autres choses à signaler ?

Hélène : Non, non, tout va bien.

La réceptionniste : S'il y a des changements, n'hésitez pas à nous téléphoner. Au revoir et bonne journée.

Hélène : Vous aussi, merci. Au revoir.

Dialogue II – À la réception

Situation : Hélène Li, guide local de l'agence *Joyeux Voyage*, arrive à l'hôtel Chenxing avec son groupe. Elle va à la réception pour enregistrer le groupe.

Hélène : Bonsoir. Je suis Hélène Li, guide de l'agence *Joyeux Voyage*. J'ai réservé 9 chambres pour mon groupe.

La réceptionniste : D'accord. Avez-vous des demandes particulières ?

Hélène : Non, toujours 9 chambres standard.

La réceptionniste : Bien. Est-ce que vous avez les passeports du groupe ?

Hélène : Oui. Voilà.

La réceptionniste : Un instant, s'il vous plaît. Je vais faire des photocopies. Bon, c'est fait. Voici les clés des chambres et les tickets pour le petit déjeuner, demain entre 7 h et 10 h.

Hélène : Merci.

La réceptionniste : À propos, est-ce que vous partez à 8 h 30 demain matin comme prévu ?

Hélène : Non, nous partirons à 8 h 00.

La réceptionniste : Très bien. Je note. Vous avez besoin d'être réveillés ?

Hélène : Oui, s'il vous plaît. À 7 h 00.

La réceptionniste : Pas de problème. Sinon vous restez jusqu'au 3 mai, c'est ça ?

Hélène: Tout à fait.

La réceptionniste : Bon. C'est très bien. Je vais demander au concierge de porter les bagages dans les chambres.

Hélène : Merci. Bonne nuit.

Partie 3

Façon de s'exprimer

Exercice 1   Les différents modes d'hébergement et leur classement

Les différents modes d'hébergement français :

les établissements d'hébergement de tourisme	● les hôtels de tourisme ● les résidences de tourisme ● les meublés de tourisme
l'hébergement en plein air	● les terrains aménagés de camping et caravaning ● les parcs résidentiels de loisirs
l'hébergement en milieu rural	● les auberges rurales ● les chambres d'hôtes et fermes auberges ● les gîtes
les villages de vacances	● les établissements à but non lucratif ● les entreprises commerciales
les auberges de jeunesse	● les auberges de jeunesse

Complétez les phrases avec les termes proposés ci-dessus :

1. _____ : elles sont constituées d'un ensemble homogène de chambres ou d'appartements meublés disposés en unité collective ou pavillonnaire. Elles sont dotées d'un minimum d'équipements et de services communs. Elles disposent d'un coin cuisine.

2. _____ : ce sont des établissements de catégorie modeste ne pouvant bénéficier du classement en hôtel de tourisme mais qui doivent cependant répondre à des normes administratives particulières. Situées en milieu rural ces auberges sont regroupées en chaînes volontaires.

3. _____ : proposent un hébergement collectif à une clientèle généralement jeune qui doit être adhérente de l'association et s'acquitter d'un prix modique par nuitée.

4. _____ : ce sont des centres d'hébergement destinés à assurer des séjours de vacances selon un prix forfaitaire comprenant l'hébergement, la restauration ou des cuisines aménagées, l'animation sportive ou culturelle et des commerces de détail. Ils sont exploités par des associations à but non lucratif ou par des entreprises commerciales.

5. _____ : ils mettent à la disposition de la clientèle des chambres ou des appartements dotés de tout l'équipement indispensable pour un séjour de courte durée. Il s'agit souvent d'une dépendance de l'habitation principale, de la résidence secondaire du loueur ou d'une habitation seulement destinée à la location saisonnière.

6. _____ : Cette forme d'hébergement chez l'habitant est comparable à la formule « bed & breakfast » anglo-saxonne. Le voyageur est logé chez des particuliers qui ont aménagé leur maison (ferme, mas, gentilhommière, château...) afin de l'accueillir en ami et de lui

faire découvrir leur région. Les chambres sont avec sanitaire privé ou non. Le petit déjeuner, copieux, est toujours inclus dans le prix de la nuitée.

7. _____ : établissement commercial qui offre à la journée ou au mois des chambres ou des appartements meublés, du plus simple au plus luxueux, à une clientèle de passage ; il peut comporter un service de restauration.

Exercice 2   L'hôtel accueille les familles et les groupes

Complétez les phrases avec les termes proposés.

plan - repas - accompagné - à votre disposition - bon d'échange - accordé - applicable

1. En haute saison, les prix _____ sont ceux qui sont mentionnés sur le dépliant ci-joint.
2. Nous vous prions de nous renvoyer votre réservation _____ du paiement anticipé d'une nuitée.
3. Veuillez trouver ci-joint le _____ que vous devrez remettre à l'hôtel dès votre arrivée.
4. Je vous pris de bien vouloir trouver ci-joint _____ d'accès à notre établissement ainsi que la remise de 20% _____ aux groupes.
5. Nous vous informons que, pour les séminaires et les conférences, nous pouvons mettre _____ des salles équipées, ainsi qu'un salon particulier pour vos _____ d'affaires.

Exercice 3

Complétez les phrases avec un verbe proposé.

posséder - manquer - contenir - demander - héberger

1. Suite à votre appel téléphonique du 21 courant, nous vous adressons par courrier tous les renseignements que vous nous _____ relatifs à notre week-end spécial, Fête des Mères.
2. Notre établissement _____ des salles entièrement équipées pour les séminaires et les conférences.
3. La salle la plus grande que nous puissions mettre à votre disposition peut _____ 375 personnes.
4. Dans un mois environ, et en fonction de nos disponibilités, nous ne _____ pas de vous faire savoir très rapidement si nous pouvons prendre votre réservation.
5. Notre hôtel dispose d'une capacité suffisante pour _____ les cent participants du banquet que vous souhaitez offrir.

1. **景点讲解方法之七 点面结合法**

点面结合法又称由点及面法，它是通过对某景点或景观进行讲解，演绎至介绍同类其他景点、景观或相关情况的方法。运用这种方法，不仅可以使游客获取本景点、景观的知识，还能增加他们对同类其他景点、景观的了解，使其产生目睹其他景点、景观的愿望。

比如在游览雄伟壮观的北京八达岭长城时，导游在介绍完长城的历史、修建和完善、八达岭长城特点之后，可以顺便介绍一下北京的其他长城，如司马台长城、慕田峪长城、箭扣长城、黄花城水长城等，通过简单介绍它们之间的相似与不同之处，激起游客对中国长城的兴趣和再度游览的愿望。

2. **景点介绍：龙门石窟**

Les Grottes de Longmen[1]

Mesdames, Messieurs, nous sommes à mi-chemin des Grottes de Longmen. Longmen se situe à 12 km au sud de la ville de Luoyang. Pourquoi appelle-t-on cet endroit « Longmen » qui veut dire « la porte du dragon » ? Il y a deux collines, la Colline Est et la Colline Ouest, elles sont face à face, comme deux tours de guet devant la porte d'un palais. Entre les deux collines, la Rivière Yi coule vers le nord. C'est pourquoi pendant les dynasties des Zhou et Qin, l'endroit était nommé « Yi Que »[2], ce qui veut dire la porte de la Rivière Yi. Plus tard, quand la dynastie des Sui a déplacé la capitale à Luoyang et que la porte du palais était en face de Yi Que, on a nommé cet endroit « Long men », parce que la rivière serpentant est comparée à cet animal fabuleux.

① 龙门石窟是中国著名石刻艺术宝库之一，位于河南省洛阳南郊12公里处的伊河两岸。经过自北魏至北宋400余年的开凿，至今仍存有窟龛2300多个，造像10万余尊，碑刻题记3600余品，多位于伊河西岸，数量之多位于中国各大石窟之首。

② 伊阙即今河南省洛阳市以南约2公里处伊河两岸的龙门，因香山和龙门山对立，伊河从中间流过，远望就象天然的门阙一样，故自春秋战国以来龙门被称为伊阙。

Vous vous demandez peut-être quand les Grottes de Longmen ont-elles été sculptées. Eh bien, on a commencé à sculpter des portraits sur les grottes en pierres aux environs de l'année 493 quand l'empereur Xiaowen Di[1] des Wei du Nord a déplacé la capitale de Datong à Luoyang. Et le site a connu plus de 400 ans de grandes créations par les Wei de l'Est et de l'Ouest, les Qi du Nord, les Zhou du Nord, les Sui, les Tang, jusqu'aux Song. Maintenant, on compte 2 345 grottes et niches, à peu près 100 000 statues de Bouddhas qui mesurent de 2 cm pour la plus petite à 17,14 m pour la plus grande, plus de 3 600 épigraphes, inscriptions lapidaires et 39 pagodes bouddhistes sur les deux collines. Les Grottes de Longmen, avec les Grottes de Mogao dans le Gansu et les Grottes de Yungang dans le Shanxi, représentent l'apogée de l'art chinois de la sculpture sur pierre. En 2000, les Grottes de Longmen ont été classées au patrimoine mondial de l'Unesco.

Nous sommes arrivés. N'oubliez pas vos sacs et appareils photos. Nous allons voir d'abord la Grotte tripartite du Soleil Levant, dans laquelle sont réunis les plus beaux vestiges de sculptures et de peintures rupestres des Ve et VIe siècle. Comme vous le voyez, onze grands Bouddhas trônent dans la grotte centrale, arborant le sourire fin et radieux, caractéristique de l'époque Wei. Ils sont entourés de bodhisattvas et des scènes en relief les plus fabuleuses de Longmen.

En face de nous, c'est la Grotte à la Fleur de Lotus, dédiée à Guanyin. Est-ce que vous voyez une immense fleur de lotus ? Est-ce que vous connaissez la signification de cette fleur ? On la voit souvent sur les peintures ou les sculptures représentant le bouddhisme. Elle est le symbole de la pureté et de la noblesse. Parce qu'elle est blanche et lumineuse, même si elle pousse dans les marécages et la boue. Elle est aussi le symbole du bouddhisme. Il y a des bodhisattvas Guanyin qui sont nés des fleurs de lotus.

Maintenant, nous allons voir le Temple en l'Honneur de Dieu qui s'étend le long des falaises abruptes de la côte sud de la Colline Ouest. Il mesure 35 m de large et 39 m de long. C'est la grotte la plus grande à Longmen. Elle a été ciselée il y a 1 300 ans, à l'époque de la dynastie des Tang. Quand elle a été finie, elle était couverte d'un toit pour être protégée de la pluie et du soleil. Mais maintenant, le toit est abîmé et comme les sculptures sont exposées à l'air, elles se détériorent.

Au centre, est assis le Grand Bouddha Vairocana de 18 m de haut. Sa tête fait 4 m de long et son oreille est large de 1,9 m. Il sourit avec bonté aux simples mortels. Il est dit que la statue a été sculptée d'après le visage de l'impératrice Wu zetian[2]. Les gens l'appellent donc la Statue de l'impératrice Wu zetian. Voyez son visage. Pensez-vous que son sourire ressemble à celui de Mona Lisa ? Alors, on l'appelle aussi la « Mona Lisa orientale ».

---

① 北魏孝文帝元宏 (467–499)，本姓"拓跋"，北魏第七位皇帝 (471–499年在位)，后改姓"元"，谥孝文皇帝，庙号高祖。孝文帝即位时只有5岁，由祖母冯太后执政。
② 武则天 (624–705)，中国历史上唯一的女皇帝，祖籍山西省文水县，生于利州 (今四川省广元市)。

Mesdames et Messieurs, maintenant regardons les autres statues. Des deux côtés du Grand Bouddha, se dressent ses disciples favoris Ananda et Kasyapa[1], l'un a l'air prudent et l'autre pieux. À côté d'eux, sont deux bodhisattvas Guanyin couronnés, un gardien céleste et un défenseur de la foi.

Maintenant, c'est l'heure de la visite libre. Je vous rappelle qu'il est interdit de prendre des photos dans les grottes et d'y fumer. On se retrouve dans une demi-heure à l'entrée principale. À tout à l'heure.

Vocabulaire

guet	*n.m.*	警戒，观察
inscription	*n.f.*	题词，碑文
lapidaire	*adj.*	宝石的，碑铭的
apogée	*n.m.*	极点，顶点
vestige	*n.m.*	遗迹，痕迹
rupestre	*adj.*	雕刻在岩石上的
arborer	*v.t.*	举起，显示
radieux, se	*adj.*	光芒四射的，容光焕发的
bodhisattva	*n.m.*	菩萨
dédier	*v.t.*	题献，贡献
marécage	*n.m.*	沼泽，泥塘

Noms propres

les Grottes de Longmen	龙门石窟
la Rivière Yi	伊河
la Grotte tripartite du Soleil Levant	宾阳洞
la Grotte à la Fleur de Lotus	莲花洞
le Temple en l'Honneur de Dieu	奉先寺
le Grand Bouddha Vairocana	卢舍那大佛

---

① 迦叶 (Kasyapa) 是佛陀十大弟子之一，汉传佛教禅宗第一代祖师。

Sujets de réflexion

Choisissez un des sujets ci-dessous pour en faire un court exposé.

1. Quels sont les points communs et les différences entre les trois grottes (celles de Longmen, de Mogao et de Yungang) ?
2. Pourquoi a-t-on commencé à sculpter des statues dans les grottes ? Quelle en est leur histoire ?
3. Pourquoi a-t-on nommé Yi Que « la porte du dragon » ?
4. On pense que le sourire du Grand Bouddha Vairocana ressemble à celui de Mona Lisa, donc on l'appelle la « Mona Lisa orientale ». Trouvez un autre site chinois qui est appelé « ...oriental », par exemple, « la Venise orientale », et présentez-le.
5. Pour quelles raisons les Grottes de Longmen ont-elles été classées au patrimoine mondial de l'Unesco ?

LEÇON 10

Texte

Au restaurant

★ Avant d'arriver dans un restaurant, le guide doit donner des informations sur le repas, par exemple, les spécialités locales, le repas prévu, les activités du restaurant s'il y en a, etc.

★ Le guide doit connaître à l'avance les besoins particuliers des touristes.

✔ Par exemple, certains sont végétariens ; certains sont allergiques à telle sorte de nourriture ; certains sont diabétiques (ils ne peuvent pas manger de nourriture sucrée) ; les musulmans ne mangent pas de porc, etc.

✔ Le guide doit demander à tous les touristes du groupe s'ils ont des contre-indications ou des habitudes alimentaires spécifiques. S'il y en a, le guide doit informer le personnel du restaurant à l'avance afin d'avoir le temps de préparer d'autres plats.

✔ Si les besoins spécifiques des touristes sont écrits dans le contrat, le guide doit respecter ce dernier. Par contre, si ce n'est pas le cas, il fera ce qu'il pourra pour satisfaire les nouvelles demandes, mais les touristes devront payer les frais supplémentaires eux-mêmes.

✔ Si le guide anime un petit groupe et qu'il ne réserve pas de repas à l'avance, il doit demander à voir les ingrédients des plats commandés pour être sûr que la nourriture est saine pour tous les membres du groupe.

★ Le guide doit savoir à l'avance si des boissons sont incluses dans le tarif ou pas afin de prévenir les touristes avant le repas. La consommation de ces « extras » sera à régler individuellement auprès du restaurant par les touristes ou ajoutée à leur facture si l'intégralité du voyage n'a pas été payée à l'avance.

★ Le guide doit bien connaître les cuisines régionales, les spécialités locales et les restaurants renommés pour les présenter aux touristes.

> **Vocabulaire**
>
> allergique *adj.* 有过敏反应的
> diabétique *adj.* 患糖尿病的
> contre-indication *n.f.* 禁忌症
> ingrédient *n.m.* 成分，配料
> extra *n.m.* 额外消费，额外支出
> intégralité *n.f.* 全部，全额

★ Le guide doit connaître les tabous à propos des aliments des différentes cultures.

★ Normalement, le guide ne mange pas avec son groupe. Il y a une table à part pour les guides et les chauffeurs, pour qu'ils aient le temps de discuter du circuit des visites ou d'autres sujets de travail et pour qu'ils se reposent.

★ Bien que le guide ne mange pas avec les touristes, il doit aller à leur table afin de vérifier que la nourriture et le service conviennent à tous et que le contrat est respecté. Il faut demander les opinions des touristes sur le restaurant. Si le repas n'est pas conforme aux prestations annoncées dans le contrat, le guide doit demander au restaurant d'améliorer immédiatement ce qu'il a proposé ou de changer les plats.

★ Quelquefois, des touristes ne sont pas satisfaits du menu et veulent changer de nourriture ou de boisson :

✔ Généralement, un restaurant est d'accord pour changer la nourriture s'il est informé au moins 3 heures avant le repas. Dans ce cas-là, le guide accepte le changement et contacte le restaurant.

✔ Si les touristes demandent de changer le menu peu avant le repas, le restaurant peut refuser de faire des modifications car les plats sont déjà préparés. Dans ce cas-là, le guide doit refuser avec une politesse la demande et donner des explications.

✔ Si des touristes veulent changer le menu, ajouter des plats ou des boissons, le guide doit informer des dépenses supplémentaires à payer.

★ Si des touristes ne veulent pas manger avec le groupe :

✔ D'abord, le guide doit inciter ces touristes à rejoindre le groupe en présentant les avantages de manger ensemble. Il peut leur présenter les plats qui peuvent les attirer.

Vocabulaire

tabou *n.m.* 禁忌，忌讳
poliment *adv.* 有礼貌地，彬彬
　有礼地
inciter *v.t.* 激励，促使

✔ Si des touristes refusent toujours de manger avec le groupe, le guide peut commander d'autres plats pour eux.

✔ Si des touristes ne veulent pas manger dans le même restaurant, le guide peut consentir à ce qu'ils mangent dans un autre restaurant s'ils payent eux-mêmes le repas.

✔ Le guide doit connaître quelques restaurants aux alentours afin de pouvoir les recommander aux touristes.

Questions

Pour un guide :
1. Comment réagir si le repas n'est pas identique au repas standard décrit dans le contrat ?
2. Que faut-il faire si les touristes veulent ajouter des mets ?
3. Que faut-il faire pendant le repas ?
4. Si les touristes ne sont pas contents du repas, que doit-il faire ?
5. Qu'est-ce que le guide doit savoir avant le repas ?

Dialogue I – Faire une réservation dans un restaurant pour un groupe de touristes

> **Situation :** Lilia est une guide de *Joyeux Voyage*. Elle doit réserver par téléphone un dîner dans un restaurant pour un groupe de 20 touristes.

Réceptionniste du restaurant :	Bonjour. Restaurant Jadera. Que puis-je faire pour vous ?
Lilia :	Bonjour. Lilia de la part de *Joyeux Voyage*. Je souhaiterais réserver des tables pour un groupe de touristes dans une semaine. Auriez-vous deux tables disponibles pour dix personnes ?
Réceptionniste du restaurant :	Ce serait pour quand exactement?
Lilia :	Le 15 juin, à 18 heures.
Réceptionniste du restaurant :	Un instant, s'il vous plaît. Je vais vérifier ... Ah oui. Nous avons deux tables libres. C'est pour combien de personnes ?
Lilia :	20 personnes au total. Nous souhaiterions être ensemble. Y a-t-il toujours un prix pour les groupes ?
Réceptionniste du restaurant :	Il y a un menu à 50 yuan par personne, boissons comprises. Et pour un groupe, nous offrons toujours 10% de rabais.
Lilia :	D'accord. Ah, est-ce qu'il vous reste des tables près de la fenêtre ? Les touristes aiment la vue sur le lac.
Réceptionniste du restaurant :	Je regrette, mais ces tables sont déjà réservées. S'il fait beau et que vous le souhaitez, je peux arranger vos tables sur la terrasse du restaurant.
Lilia :	C'est une très bonne idée. Merci.
Réceptionniste du restaurant :	Je vous en prie, Madame. Alors je vous retiens deux tables de 10 personnes pour le 15 juin à 18 heures et je vous envoie les menus.
Lilia :	Très bien. Et encore une demande, pourriez-vous préparer également un gâteau d'anniversaire ? Nous fêterons l'anniversaire d'un touriste.
Réceptionniste du restaurant :	Pas de problème. Vous pouvez comptez sur nous. Avez-vous d'autres demandes ?
Lilia :	Non, pas pour l'instant.
Réceptionniste du restaurant :	N'hésitez pas à nous contacter si vous avez d'autres remarques. Puis-je avoir vos coordonnées ?
Lilia :	Bien sûr. Lilia, de *Joyeux Voyage*, c'est le 010- 8234 5678.
Réceptionniste du restaurant :	Merci. Bonne journée, Madame.
Lilia :	Merci, à vous aussi.

Situation : M.Dubois et son guide Xiao Wang sont dans un restaurant. Un serveur leur apporte le menu et les laisse choisir.

M.Dubois : C'est la première fois que je viens en Chine. Je ne sais pas quoi choisir. Xiao Wang, pouvez-vous me donner des explications et des recommandations à propos de la nourriture ?

Xiao Wang : Bien sûr. En Chine, on a huit écoles de cuisines principales, c'est-à-dire, huit grandes cuisines régionales. On dit que « le sud est sucré, le nord est salé, l'est est aigre et l'ouest est épicé ».

M.Dubois : Ah oui. Est-ce que l'on peut trouver toutes les cuisines régionales dans un seul restaurant ?

Xiao Wang : Non. Souvent un restaurant est spécialisé dans une ou deux sortes de cuisines régionales. Par exemple, ce restaurant est connu pour sa cuisine cantonaise.

M.Dubois : Quelles sont les spécialités de la cuisine cantonaise ?

Xiao Wang : Les chefs de Guangzhou utilisent beaucoup de méthodes de cuisson réputées pour leur rapidité et leur capacité à faire ressortir la saveur des ingrédients les plus frais : cuisson à la vapeur, friture rapide à haute température, bouillir, cuire à l'étouffée, etc. Les épices doivent être utilisées en petites quantités. Je vous conseille de commander des dim-sum.

M.Dubois : Qu'est-ce que c'est, des dim-sum ?

Xiao Wang : Ce sont des bouchées à base de farces variées enrobées dans une pâte de riz ou de blé. Regardez, ce sont des photos de dim-sum. Mais vous pouvez choisir un autre plat aussi. Même si vous ne les connaissez pas, ils sont tous en photo. Regardez celui-là, vous êtes tenté ?

M.Dubois : Qu'est-ce que c'est ? Un pigeon ?

Xiao Wang : Oui, un pigeon mariné et cuit dans la friture.

M.Dubois : Non, merci. Je n'ai pas très envie de manger du pigeon aujourd'hui. Et celui-là ?

Xiao Wang : Des travers de porc à la vapeur avec des haricots noirs fermentés et des piments. Ce n'est pas mal du tout. Je vous conseille également des œufs cuits à la vapeur ou du porc à la sauce aigre douce. Celui-là est bon aussi : des cuisses de grenouilles à la vapeur avec des feuilles de lotus.

M.Dubois : J'aimerais bien essayer les œufs cuits à la vapeur. Ça a l'air bon. Et qu'est-ce qu'il vaut mieux commander comme boisson ?

Xiao Wang : Les dim-sum sont consommés avec un breuvage médicinal ou du thé.

M.Dubois : Un breuvage médicinal ? Je ne sais pas ce que c'est, mais j'ai bien envie d'essayer.

Garçon : Bonjour. Vous avez choisi ?

Xiao Wang : Oui. Nous voulons ...

Vocabulaire

un dim-sum	点心
un pigeon mariné et cuit dans la friture	烧乳鸽
des travers de porc à la vapeur avec haricots noirs fermentés et piments	豉椒排骨
des œufs cuits à la vapeur	蒸水蛋
du porc à la sauce aigre douce	咕噜肉
des cuisses de grenouilles à la vapeur avec feuille de lotus	荷叶蒸田鸡

Partie 3
Façon de s'exprimer

Exercice 1   Les termes et les produits de base de la cuisine française

1.   Voici une liste de produits et d'ingrédients. Classez-les par catégorie.

asperge, beurre, bœuf, brochet, camembert, canard, cannelle, crème fraîche, dinde, framboise, huître, langouste, lard, moule, moutarde, noix, oie, oignon, petits pois, poire, poivre, prune, roquefort, rosbif, sole, truite, veau, vinaigre

Catégories :
1) poisson : _____
2) volaille : _____
3) viande : _____
4) fruits de mer : _____
5) légumes : _____
6) fruits : _____
7) produits laitiers : _____
8) assaisonnement / épices : _____

2.   Les adjectifs ci-dessous s'utilisent pour des plats ou des boissons. Trouvez les neuf paires opposées.

Exemple : chaud – froid
aigre, épicé, plat, chaud, fade, salé, cru, frais, solide, cuit, froid, sucré, doux, liquide, surgelé, dur, tendre, pétillant

_____   _____
_____   _____
_____   _____
_____   _____

Exercice 2   Ce vin rouge est absolument...

1.   Voici une liste de termes utilisés pour parler du vin.

acide, arrière-goût, bouchon, bouquet, brillant, capiteux, corsé, cru, décanter, doux, épicé, fané, fruité, généreux, gouleyant, jambe, moelleux, mousseux, nez, nerveux, nouveau, ordinaire, pétillant, plat, pourpre, puissant, racé, robe, rubis, sec, suave, trouble

Classez le plus possible de mots dans les catégories suivantes.
1) La couleur du vin _____
2) L'arôme du vin _____
3) Le goût du vin _____
4) La qualité du vin _____

2.   Attribuez à chacun des verbes ci-dessous la définition qui lui convient.

1) décanter   a. verser le vin d'un récipient dans un autre.
2) oxyder   b. verser le vin dans les verres.
3) transvaser   c. filtrer le vin.
4) consommer   d. boire, déguster.
5) servir   e. mettre au contact de l'air

Exercice 3   Expliquer ... une recette

Lorsqu'on explique à quelqu'un le plat qu'il est en train de manger ou qui figure au menu, on ne lui donne pas tous les détails de la préparation : on lui indique seulement les ingrédients de base et leur mode de préparation, en précisant la composition de la sauce, de l'accompagnement.
Vous allez présenter au groupe une recette :
soit – une spécialité de votre région / ville / pays...
       – une spécialité étrangère que vous connaissez
       – votre plat préféré
       – ...

Comment dire ?

Les principaux modes de cuisson et de préparation

Un aliment peut être cuisiné ou préparé :

- à la vapeur (dans une marmite)   - grillé (au gril)
- bouilli (dans de l'eau, un bouillon)   - cru
- braisé (dans une cocotte)   - mijotée (dans une marmite)
- mariné (dans une marinade)   - rôti (au four)
- ébouillanté (dans de l'eau, un bouillon)   - sauté (dans une poêle)
- frit (dans de l'huile bouillante)   - gratiné (au four)
- en papillote (dans du papier d'aluminium,
  au four)

- au bain-marie (dans un récipient entouré d'eau bouillante)

Les modes de cuisson chinoises et les ingrédients particuliers :

- sauter / frire 炒(au wok ou à la poêle) ;
- frire 炸 (dans une bassine à friture)
- cuire à l'étouffée 炖
- haricots noirs fermentés 豆豉
- anis étoilé (ou badiane) 大料 (又名八角)
- gingembre 姜

- faire mijoter 熘、炝
- cuire à la vapeur 蒸
- cuire dans un bouillon 高汤
- poivre du Sichuan 花椒
- huile de sésame 香油
- cinq-parfums 五香粉

Partie 4
Présentation de lieux touristiques chinois

1. 景点讲解方法之八 画龙点睛法

用凝练的词句概括景点的独特之处，并给旅游者留下深刻印象的讲解方法称为画龙点睛法。

例如在游览西安后，导游可用早（历史年代早）、长（建都时间长）、全（文物门类全）、高（艺术水平高）、大（气势规模大）这五个字来总结陕西文化的基本特征。又如游览黄山后，用奇松、怪石、云海这六个字来诠释"五岳归来不看山、黄山归来不看岳"的缘由。

除本书中详细介绍的八种导游方法外，我国的导游人员还总结出简述法、详述法、触景生情法、联想法等。在具体工作中，这些方法和技巧不是孤立的，而是相互渗透和联系的。导游人员在学习众家之长的同时，必须结合自己的特点，融会贯通，在实践中形成自己的导游风格和导游方法，并视具体的时空条件和对象，灵活、熟练地运用，这样才能获得不同凡响的导游效果。

2. 导游词样例：漓江

Croisière sur la Rivière Li[1]

Mesdames, Messieurs, bienvenue à bord. Nous partons maintenant de l'embarcadère de Zhujiang, pour naviguer le long de la Rivière Li et nous arriverons à notre destination — Yangshuo dans 4 heures. La Rivière Li, affluent de la Rivière des Perles, prend sa source dans la

---

① 漓江发源于广西壮族自治区兴安县猫儿山，曲折南流，经灵川、桂林、阳朔、平乐、昭平等县市，至梧州市汇入珠江，全长437公里。

Colline du Chat, au nord de Guilin. Elle parcourt 83 km entre Guilin et Yangshuo, serpente entre les petites collines karstiques qui lui donnent toute sa magie. De fait, quelle que soit la météo, la descente de la rivière est un enchantement. Sous les brumes, la progression entre les pics karstiques devient fantasmagorique et mystérieuse. Sous le soleil, on découvre des buffles se baignant, des rideaux de bambou et les radeaux des pêcheurs accompagnés de leur cormoran.

La première zone panoramique, Zhujiang, est devant nous, voyez-vous des stalactites ? Ressemblent-ils à des dragons ? Oui, la colline s'appelle « des dragons jouant dans l'eau ». Ça, c'est la tête d'un dragon, là, c'est une queue. Dans la légende, le dieu du ciel a envoyé ces dragons à Guilin pour cueillir des osmanthus (guihua en chinois, olivier à thé ou olivier odorant en français). Ici, les osmanthus parfument très agréablement cet endroit et il y en a beaucoup. C'est pourquoi on appelle cet endroit « Guilin », c'est-à-dire la forêt d'osmanthus. Quand ces dragons sont arrivés, ils ont trouvé que le paysage était tellement merveilleux qu'ils n'ont plus voulu retourner au ciel. Et ils sont restés ici. Ils ont apporté de l'eau pure du ciel, et au printemps et en été, on voit des nappes de brouillards sortir de ces dragons.

Maintenant, nous sommes dans la zone panoramique de Caoping[1]. Ce lieu s'appelle Banbiandu[2], cela veut dire la « traversée d'un seul côté ». Pourquoi ? Il y a deux villages le long de la même rive du fleuve et il y a un pic entre eux. Le pic tombe dans la rivière et il est difficile de passer d'un village à l'autre à cause de ce pic. Alors les gens prennent un bateau comme moyen de transport. D'habitude, quand on prend un bateau, on traverse un fleuve. Mais ici, on longe le fleuve au lieu de le traverser. Et les gens appellent ce voyage la « traversée d'un seul côté ». Ici, les falaises sont assez abruptes, les montagnes sont comme des fleurs de lotus et ces paysages magnifiques se reflètent dans une eau verte et claire.

Entrons dans la zone panoramique de Yangdi. Regardez la falaise en face de nous. Est-ce qu'elle ne ressemble pas à une carpe ? Dans la légende, une carpe a sauté hors de l'eau et malheureusement elle s'est accrochée sur la falaise. Quand elle a vu le paysage, elle était tout de même contente d'être sortie hors de l'eau pour pouvoir l'admirer avant de mourir. Elle est alors devenue une carpe de pierre pouvant ainsi regarder la nature pour toujours.

Voyez-vous quelque chose sur la falaise ? Il y a beaucoup de lignes vertes, jaunes et blanches qui constituent une grande peinture colorée. Combien de chevaux voyez-vous sur la

---

① 草坪位于桂林市东南35公里处的漓江之滨，东接灵川潮田乡，北邻大圩镇，占地面积32平方公里，石山占3/4。

② 半边渡位于漓江岸边，距桂林市约43公里。渡口附近有一座海拔400米的渡头山屹立江边，绝壁拦截南流的江水，激起汹涌的浪花。

colline ? Cela dépend de votre imagination. Certaines personnes disent qu'il y en a sept, certains disent qu'il y en a neuf. Mais au moins, vous pouvez certainement voir un cheval au galop. On l'appelle le cheval de l'avant-garde. Ce site est appelé la Colline de la Peinture à Neuf Chevaux[1].

Regardez sur votre gauche maintenant. Ne vous semble-t-il pas que la colline ressemble à un singe ? Et qu'est-ce que ce singe porte à la main ? Un melon. Oui, tout à fait. Et ensuite, à côté, à quoi ressemble la colline ? Un ours sur le dos, les pattes en l'air. Il prend le soleil, regarde le ciel bleu et les nuages blancs. Et puis, cette colline, qu'en pensez-vous ? Quand le bateau bouge, est-ce que vous avez l'impression que le gros rocher monte sur la colline ? On l'appelle la tortue montante.

Quand on se promène en bateau sur la Rivière Li, il faut toujours un peu d'imagination.

La Rivière Li prend un grand virage à Xingping[2]. De Yangdi à Xingping, la Rivière Li traverse une région pleine de pics distincts, de bosquets de bambou et il y a de paysages magnifiques. Il nous semble entrer dans un monde idyllique et poétique, loin de la foule et du béton de la ville. On résume le paysage de Guilin en 8 caractères : « Shanqing, shuixiu, dongqi, shimei », c'est-à-dire, « les montagnes vertes, l'eau pure, les grottes extraordinaires et les rochers magnifiques ».

Maintenant, notre bateau arrive à Yanshuo. On descend et on se retrouve à la sortie dans 5 minutes.

Vocabulaire

croisière	n.f.	巡航，游弋
embarcadère	n.m.	码头
karstique	adj.	岩溶的，喀斯特的
enchantement	n.m.	魔力，诱惑力
fantasmagorique	adj.	虚幻的，魔术般的
buffle	n.m.	水牛
radeau	n.m.	木筏，木排
cormoran	n.m.	鸬鹚
stalactite	n.f.	钟乳石
osmanthus	n.m.	桂花
odorant, e	adj.	香的，芬芳的
falaise	n.f.	悬崖，峭壁

① 九马画山位于漓江东岸画山村附近，距桂林约60公里。画山海拔536.3米，长550米，宽500米，面积27.5公顷。

② 兴坪位于漓江东岸，距桂林约63公里。兴坪是古代漓江沿岸最大的城镇，有1300余年历史。

abrupt, e	adj.	陡峭的，险峻的
carpe	n.f.	鲤鱼
galop	n.m.	奔跑，奔驰
virage	n.m.	转弯，拐角
idyllique	adj.	田园诗的，美好的

Noms propres

la Rivière Li	漓江
la Rivière des Perles	珠江
la Colline du Chat	猫儿山
des dragons jouant dans l'eau	群龙戏水
la Traversée d'un seul côté	半边渡
la Colline de la Peinture à Neuf Chevaux	九马画山

Sujets de réflexion

Choisissez un des sujets ci-dessous pour en faire un court exposé.

1. Trouvez un autre site touristique chinois que l'on visite souvent en bateau et présentez-le.
2. Présentez le relief karstique.
3. Au dos du billet de 20 yuans, il y a une colline de la Rivière Li qu'on a mentionnée dans la présentation. Savez-vous laquelle ? Présentez cette colline.
4. On résume le paysage de Guilin en 8 caractères. Êtes-vous d'accord avec ces 8 caractères ? Justifiez votre réponse.
5. Citez les mesures sécuritaires nécessaires pour une visite en bateau.

Partie 1

Texte

Visite d'une journée

La visite est la partie la plus importante de tout le voyage. Comment un guide doit-il conduire une visite et donner des commentaires justes ? Voici quelques propositions :

● **Préparations avant le départ**

✔ Discutez de l'itinéraire avec le guide international et le guide national à l'avance. Prévenez les touristes de l'heure de départ et de ce dont ils auront besoin pendant la journée afin qu'ils se préparent à l'avance.

✔ Évitez les retards, vous pouvez demander au service de l'hôtel de réveiller les touristes. Laissez du temps pour prendre le petit-déjeuner avant le départ.

✔ Appelez le chauffeur aussi pour vous assurer qu'il se réveille à l'heure. Assurez-vous de la propreté de l'autocar. Mettez la ventilation en marche et / ou aérez un peu l'autocar avant la montée des passagers. Vérifiez le bon fonctionnement du microphone et des haut-parleurs.

✔ Arrivez à l'hôtel au moins 20 minutes avant le départ pour avoir du temps afin de faire des changements ou des arrangements si cela est nécessaire. Saluez les touristes qui arrivent plus tôt et discutez avec eux afin de créer une bonne ambiance et d'établir des relations agréables.

✔ Les véhicules ne peuvent pas stationner devant la porte de l'hôtel. Si l'autocar est garé sur le parking de l'hôtel, informez le chauffeur de monter dans l'autocar quelques minutes avant que tout le monde ne soit présent.

✔ Informez les touristes de la distance et de la durée du voyage en autocar. Laissez du temps pour que les touristes puissent aller aux toilettes avant de partir.

✔ Si des touristes souhaitent rester à l'hôtel, informez le guide international, le guide national et la réception de l'hôtel. Notez leur nom et numéro de chambre afin qu'ils soient joignables tout au long de la journée.

> **Vocabulaire**
>
> proprement *adv.* 适当地，恰当
> 地
> ventilation *n.f.* 通风
> aérer *v.t.* 使通风，使空气流通

✔ Quand les touristes montent dans l'autocar, restez à côté de la porte, prêt à offrir de l'aide aux personnes qui en ont besoin (personnes âgées, chargées, handicapées, jeunes enfants etc.).

✔ Comptez le nombre de personnes avant de démarrer. Attention ! Ne comptez jamais en pointant du doigt !

● Commentaires en autocar sur la route

Des commentaires en autocar sont nécessaires. Ils peuvent verser sur des sujets différents :

✔ Rappel de l'itinéraire du jour.

✔ Présentation des coutumes locales et indication des lieux particuliers, monuments, sites historiques sur la route.

✔ Introduction de la destination touristique.

✔ Conseils et règles de la visite du jour. Annonce du lieu et de l'heure du point de rassemblement, le numéro d'autobus.

✔ Collecte du montant des excursions et des activités ajoutées ou non incluses dans le forfait d'origine.

✔ Si la durée du trajet en autocar est longue, le guide peut animer des jeux ou apprendre aux touristes des chansons ou des comptines locales. Il peut également raconter des histoires ou faire des plaisanteries. Mais il faut observer les réactions des touristes pour savoir s'ils sont d'accord sur les activités proposées ou s'ils préfèrent se reposer.

✔ Le guide peut s'adresser à des touristes et bavarder avec eux pour connaître leur point de vue sur le voyage et répondre à leurs questions.

✔ Au bout d'une journée, de retour à l'hôtel, faites un court résumé des sites et remerciez tous les membres de leur coopération. Donnez aux touristes le planning du lendemain, par exemple, le réveil matin, l'heure de petit-déjeuner, l'heure de départ et d'autres informations.

Quand on fait des commentaires en autocar, il faut faire attention aux points suivants :

Vocabulaire

joignable *adj.* 可以联系上的，可以找到的

pointer *v.t.* 把……指向，把……对准

excursion *n.f.* 远足，徒步旅行，游览

comptine *n.f.* 儿歌

vibreur *n.m.* 振动

superstition *n.f.* 迷信；过分的迷恋

discrimination *n.f.* 区别；歧视

✔ Mettez les téléphones portables en mode vibreur.

✔ Ajustez l'air-conditionné pour que la température soit agréable.

✔ Une voix naturelle est plus efficace. Vérifiez le volume du microphone.

✔ Laissez du temps aux touristes pour discuter entre eux et se reposer dans l'autocar.

✔ Évitez les narrations longues et monotones. Ajoutez de l'humour et créez une ambiance vivante.

✔ Évitez les commentaires sur la superstition ou la discrimination d'une religion, d'une coutume ou des habitudes d'un peuple.

✔ Éviter de bavarder toujours avec le chauffeur et laisser les touristes de côté !

- **Commentaires sur place :**

✔ Choisissez un bon endroit pour la présentation.
✔ Faites face aux touristes quand vous faites vos commentaires.
✔ Ajustez le volume du microphone afin que tout le groupe puisse vous entendre.
✔ S'assurez que les commentaires se conforment à ce que les touristes voient.
✔ Les commentaires doivent être intéressants, vivants et attirants.
✔ Un guide ne peut pas se disputer avec un touriste même s'il ne partage pas son point de vue. Mais il peut en discuter avec lui.
✔ Les commentaires doivent être corrects. Un guide ne peut pas prétendre savoir ce qu'il ne connaît pas.
✔ Il faut bien garder le rythme de la parole tout en observant les réactions des touristes.
✔ Prévoyez un petit repos pendant la visite.
✔ Informez les touristes des meilleures heures ou des meilleurs angles pour apprécier les sites.
✔ Des touristes peuvent avoir des buts différents : visiter les sites, faire les magasins, vivre l'aventure, etc. Prenez en compte ces besoins lors de la programmation.
✔ Laissez du temps aux touristes pour visiter seuls, à leur propre rythme, mais répétez le lieu et l'heure de rendez-vous et rappelez d'être à l'heure.

Questions

1. Qu'est-ce qu'un guide doit faire le matin avant que le groupe ne parte ?
2. Est-ce qu'un guide peut s'amuser avec des touristes sur la route ? Pourquoi ?
3. Que sont les commentaires tabous ?
4. Comment contrôler le rythme de voyage ?
5. Le guide doit modifier ses commentaires selon son public. D'après vous, quels sont les éléments qui demandent des changements de commentaire ?

Partie 2
Dialogues

Dialogue I – Avant le départ

> **Situation :** M. Wang, guide-accompagnateur, accompagne un groupe de touristes français en Chine du Sud, à Guilin. Il retrouve le groupe dont il est responsable dans le car.

M.Wang : Bonjour, Mesdames et Messieurs, comment allez-vous ? J'espère que vous avez passé une bonne nuit. Tout le monde est là ? J'ai compté 19 personnes, il manque donc une personne.

Un monsieur : Oui, c'est ma femme. Elle a oublié son porte-monnaie dans la chambre. Est-ce qu'on peut l'attendre ?

M.Wang :	Mais bien sûr.
Le monsieur :	La voilà.
La dame :	Excusez-moi, je suis désolée.
M.Wang :	Bon, tout le monde est là. Allez, on y va ... Ce matin, comme prévu, nous allons faire la descente de la Rivière Li.
Une touriste :	C'est loin ?
M.Wang :	Non, l'embarcadère est à 28 km, nous y arriverons dans une demi-heure. La croisière durera 4 heures environ. La Rivière Li relie le bourg de Zhujiang à celui de Yangshuo. Pendant la croisière, un guide-conférencier fera des commentaires sur le paysage mais je resterai avec vous.
Un touriste :	On mange où ce midi ?
M.Wang :	Nous mangerons à Yangshuo au bord de la rivière, dans un bistrot spécialisé dans les grillades.
Un touriste :	Et cet après-midi, qu'est-ce qu'on fait ?
M.Wang :	L'après-midi, on est libre. Le car viendra nous chercher à 17 heures devant le restaurant. Je vous rappelle que le respect des horaires est important pour le bon déroulement des excursions.

Dialogue II – Visite d'une ville

Situation : Li Xin est une guide régionale de Shanghai. Elle accompagne un groupe francophone dans la ville. Maintenant, ils sont sur le Bund. Elle fait des commentaires.

Li Xin :	Mesdames, Messieurs, nous sommes arrivés sur le Bund, un des sites les plus connus de Shanghai. C'est un boulevard jalonné de somptueux édifices de style européen, de banques ou de compagnies coloniales des années 1930. Vous les voyez sur votre droite.
Un touriste :	Je n'ai pas bien suivi le chemin pris par le car. Où se trouve le Bund dans Shanghai ?
Li Xin :	Le Bund est situé à Puxi, à l'est du district de Huangpu, sur la rive ouest du Fleuve Huangpu. En face de nous, c'est le nouveau quartier financier de Lujiazui dans le district de Pudong. Nous sommes au sein de l'ancienne concession internationale de Shanghai. C'est pourquoi il y a des édifices de styles différents.
Un touriste :	Oui. Ce bâtiment est du style Roman.
Li Xin :	Tout à fait. Le style architectural des édifices du Bund varie du style Roman au style gothique en passant par les styles de la Renaissance, du baroque, du néo-classique, des Beaux-Arts et de l'Art déco. C'est comme une exposition d'architecture mondiale.
Un touriste :	Qu'est-ce que c'est, le bâtiment avec une horloge et une cloche ?
Li Xin :	C'est la Maison des douanes. Elle date de 1927. L'horloge et la cloche ont été co-

piées de celles du Big Ben.

Un touriste : Et les bâtiments à côté ?

Li Xin : À gauche de la Maison des douanes, c'est le bâtiment de Hong Kong et Shanghai Banking Corporation (HSBC). C'était le plus grand établissement bancaire d'Asie au début du siècle. Il est le siège de la Banque de Développement de Pudong depuis 1995.

Un touriste : Est-ce qu'on peut se promener sur le Bund ?

Li Xin : Oui, comme je vous l'ai dit dans le car. On se retrouve dans une heure, c'est-à-dire, à 18 h 30, à l'endroit où on est descendu de l'autocar. Est-ce que vous vous souvenez tous du chemin de retour ?

Les touristes : Oui.

Li Xin : Très bien. Si vous avez besoin d'aide, vous pouvez m'appeler. Mon numéro de téléphone est sur ma carte de visite, sur laquelle il y a aussi le numéro de notre car. Ne la perdez pas. Il commence à faire nuit. Vous verrez à quel point c'est magnifique quand les lumières sont allumées. Je vous souhaite une bonne promenade. À tout à l'heure.

Les touristes : Merci. À très vite !

Partie 3
Façon de s'exprimer

Exercice 1

Replacez les termes géographiques ci-dessous dans les ensembles qui leur correspondent.

1. les marais	15. la cime	29. le taillis	43. le lagon	57. le rivage
2. le massif	16. le pan	30. la côte	44. le cratère	58. le glacier
3. la prairie	17. l'arête	31. la plage	45. la rive	59. le rocher
4. la dune	18. les terrasses	32. la source	46. la toundra	60. le roc
5. la mer	19. l'orée	33. l'aven	47. la rivière	61. la pente
6. le bosquet	20. la baie	34. le buisson	48. les gorges	62. le coteau
7. le gouffre	21. le marécage	35. l'étang	49. les méandres	63. le bassin
8. la cascade	22. la paroi	36. l'embouchure	50. le bocage	64. le bois
9. le ballon	23. la forêt	37. le promontoire	51. l'onde	65. le lacet
10. la cheminée	24. les eaux	38. la plaine	52. l'abîme	66. le précipice
11. l'océan	25. le puy	39. le lac	53. le pic	67. la bruyère
12. le canal	26. les bouches	40. la savane	54. la steppe	68. le delta
13. la lande	27. le volcan	41. la clairière	55. le torrent	69. l'amont
14. le lit	28. le fleuve	42. le névé	56. la jungle	70. l'aval

relief : _____

_____

végétation : _____

_____

hydrographie : _____

_____

Exercice 2

Complétez les descriptions à l'aide des termes proposés.

1. *en pente douce, s'étale, atteint, dénudé, verticale, abrite*

Le massif de la Sainte-Baume, le plus étendu et le plus élevé des chaînons provençaux, _____ 1 147 m au signal de la Sainte-Baume (...) Le versant sud, aride et _____ monte _____ du bassin de Cuges à la ligne faîtière, longue de 12 km. Une falaise _____, haute de 300 m environ, donne sa physionomie au versant nord qui _____ la célèbre grotte ; en contrebas, _____ la forêt domaniale.

(*Guide vert*, Provence)

2. *encaissée, s'étend, rocheux, se déploie, contraste*

Du piton_____, la rue _____ sur le vieux Nyons dominé par la montagne d'An-gèle, la vallée de l'Eygues, _____ à droite, _____ avec le large bassin, à gauche, où _____ la ville nouvelle.

(*Guide vert*, Nyons)

3. *se dresse, offre, plonge*

La route _____ de jolis passages en tunnel et la rue _____ sur la rivière dont les eaux vertes offrent une belle transparence. (...) Au retour, à la sortie des tunnels, la silhouette du rocher de Sampzon _____ en avant, dans l'axe de la vallée.

(*Guide Vert*, Le Défilé de Ruoums)

4. *trouve, sillonnés, est flanquée*

Auron : l'église romane _____ d'un clocher carré à pointes de diamant. Les îles de Lérins : On y _____ d'admirables bois d'eucalyptus et de pins, _____ par d'agréables al-lées.

(*Guide Vert*, Provence-Côte d'Azur)

Exercice 3   Jeux de rôles

Vous êtes guide dans votre ville. Sélectionnez un monument que vous présenterez à un grou-pe de touristes francophones.

Comment dire ?

Commenter une visite d'un site touristique

Où ?	- sur votre droite - à gauche du palais - devant vous - derrière nous - en face de vous - de l'autre côté du pont - à côté de la mairie - au milieu de la place
Comment attirer l'attention du groupe ?	- vous voyez - vous apercevez - vous pouvez admirer / distinguer - regardez - observez - nous descendons - nous remontons - nous continuons - nous poursuivons -nous arrivons - nous traversons - nous longeons
De quoi s'agit-il ?	- un édifice - un bâtiment - un château - un palais -une église - une cathédrale - une mosquée - une synagogue - un temple - un théâtre - un opéra - un pont - un musée - un hôtel de ville - un parc - un quai
De quelle époque ?	Ce bâtiment remonte : - au XIIe siècle - à 1605 - au Moyen Âge Le temple date : - du XVe siècle - de 1435 - de la Renaissance Ce pont a été construit / détruit : - à la fin de XVIIIe siècle - pendant la Guerre sino-japonaise - au début du siècle - il y a 400 ans - sous l'emprereur Qian Long - sous la dynastie des Tang - en 1937
Quelles sont les utilisations aujourd'hui ?	- Cette ancienne gare abrite le musée d'Orsay. - Le palais Bourbon, c'est le siège de l'Assemblée nationale. - Les arènes de Lutèce sont utilisées pour des concerts.

Partie 4
Présentation de lieux touristiques chinois

1. 法语导游词创作ABC (1)

导游词，又称导游解说词，是导游在途中或景点向游客提供讲解服务所使用的话语，目的是使游客能更好地欣赏自然风光，了解民俗风情。好的导游词应具备以下特征：内容充实、生动有趣、真实可信、实用性强、文化性强；而涉外导游词还必须同时考虑文化上的差异。目前市场上，法语导游词较少，有针对性的则更是凤毛麟角，这就要求法语导游具备自行创作导游词的能力，以应对来自不同法语国家游客的需要。从本课起，我们将分六课简单谈谈关于法语导游词的创作。

收集信息与信息整理

创作导游词的第一步就是收集相关信息，整合已有的导游词。导游可以通过查阅书籍（如导游考试书目、全国导游词、地方导游词、专题导游词等）、浏览相关网站（导游考试网、全国性旅游网、地方旅游网等）、阅读法语原文旅游手册（Routard, Michelin等），获得最基础的第一手信息，然后按信息功能和性质将它们归类，例如可分为国家 / 城市概况、山水资源、园林建筑、宗教、民俗、中华文化、历史事件等大类。信息库建好后，应及时更新，定期清理。只有具备充足的背景材料，才有可能按需选择并进行创作。

2. 创作实践

La municipalité de Beijing

Lisez la présentation générale de Beijing et de ses alentours. Choisissez un lieu touristique à Beijing et rédigez une présentation que vous ferez devant la classe.

Beijing est la capitale de la République Populaire de Chine. Située dans le nord du pays, la municipalité de Beijing, d'une superficie de 16 800 km², borde la province du Hebei ainsi que la municipalité de Tianjin. Beijing est considéré comme le centre politique et culturel de la Chine, tandis que HongKong et Shanghai sont à la tête au niveau économique.

Depuis 1264, Beijing est la capitale de la Chine. De nombreuses réalisations architecturales et structurelles ont modifié la ville à l'occasion des Jeux Olympiques dont elle a été l'hôte du 8 au 24 août 2008. Un nouveau stade de 91 000 places, le Nid d'Oiseau et un centre aquatique, appelé le Cube d'Eau, représentent le plus haut niveau de constructions en Chine.

Avec 17 millions d'habitants, Beijing est la deuxième ville en nombre d'habitants de Chine après Shanghai. La zone urbaine compte 13 millions d'habitants. D'un point de vue économique, Beijing est la troisième ville de Chine par son PIB total derrière Hong Kong et Shanghai. Elle connaît une croissance économique très rapide, nettement supérieure à 10% par an depuis dix ans.

La municipalité de Beijing exerce sa juridiction sur dix-huit subdivisions (seize arrondissements et deux cantons). Chaque année, des millions de touristes chinois et étrangers se rendent à Beijing pour visiter ses nombreux monuments historiques célèbres, telle que la Cité Interdite et le Temple du Ciel, qui sont inscrits au patrimoine mondial de l'Unesco.

Longue de 8 851,8 km, la Grande Muraille constitue l'ouvrage le plus important en termes de longueur, surface et masse jamais construit par l'homme. Ce système de fortification, composé de murs et de tours de défenses, était principalement destiné à protéger la Chine des barbares et des envahisseurs, notamment mongols. Situés à quelques kilomètres de la ville de Beijing, plusieurs tronçons de la Grande Muraille sont accessibles au public. Des agences organisent chaque jour des voyages en bus vers les sites de Badaling, Mutianyu, Jinshanling ou Simatai.

Construite sous le règne de l'empereur Zhu Di au XVᵉ siècle, la Cité Interdite a été la résidence principale des empereurs chinois jusqu'au début du XXᵉ siècle. Ce palais possède 8 704 pièces qui constituaient les bureaux, jardins et résidences de la cour impériale chinoise. De nos jours, il est devenu un musée qui conserve les trésors impériaux de la civilisation chinoise ancienne.

Le Temple du Ciel est un complexe religieux datant du XVᵉ siècle et constitué de plusieurs temples entourés d'un vaste parc, dont les plus importants sont le Hall de Prières pour de bonnes récoltes, la Demeure du Seigneur du Ciel (entourée par un mur des échos), la Salle de l'Abstinence ou l'Autel du Ciel. Lieu hautement symbolique de la ville de Beijing, le Temple du Ciel a été inscrit par l'Unesco sur la liste du patrimoine mondial en 1998.

Situé au nord-ouest de la Cité Interdite, le Parc Beihai (le Parc du Lac Nord) s'étend sur 68 ha, dont 39 sont composés d'étendues d'eau. Construit au Xe siècle, il s'agit d'un des parcs les plus anciens et mieux entretenus. Au milieu du lac principal se trouve une pagode blanche qui domine le parc.

Le Yuanming Yuan (ancien Palais d'Été) était l'ancienne résidence des empereurs de la dynastie des Qing. Construit et aménagé sous le règne de différents empereurs, le palais était un parc constitué de nombreux bâtiments de style chinois mais aussi européen. Ainsi, sur plus de 3,5 km², cette résidence réunissait la plus grande collection d'antiquités chinoises de l'époque. En 1860, les troupes franco-britanniques pillèrent le palais et brûlèrent les bâtiments. De nos jours, Yuanming Yuan représente pour les Chinois le symbole de l'humiliation infligée par les nations occidentales durant les Guerres de l'Opium.

Le Palais d'Été est construit non loin de Yuanming Yuan à la fin du XIXe siècle. Sur une surface de 2,9 km², le Palais d'Été comporte de nombreux palais et temples, qui représentent 70 000 m² de constructions. Le parc est principalement dominé par la Colline de la Longévité et le Lac de Kunming. Comme autres curiosités, on y trouve notamment un bateau de marbre, une réplique des rues de la ville de Suzhou où le Long Corridor (728 m) recouvert de plus de 14 000 peintures.

Situé au nord-est de la partie centrale de la ville, le Temple des Lamas est le plus important temple bouddhiste tibétain à Beijing. Construit à la fin du XVIIIe siècle, le temple fut initialement la résidence officielle des eunuques de l'empereur, avant de devenir une lamaserie en 1722.

À mi-chemin entre Beijing et la Grande Muraille de Chine, à Badaling, les Tombeaux des Ming font partie de ces visites incontournables. Treize empereurs sur seize de la dynastie des Ming ont été enterrés là-bas, au creux d'un arc montagneux, choisi et mis en valeur par des spécialistes selon les règles du *Fengshui*.

Noms propres

le Nid d'Oiseau	鸟巢(国家体育场)
le Cube d'Eau	水立方(国家游泳中心)
la Cité Interdite	故宫(紫禁城)
le Temple du Ciel	天坛
le Hall des Prières pour de bonnes récoltes	祈年殿
la Demeure du Seigneur du Ciel	皇穹宇
la Salle de l'abstinence	斋宫
l'Autel du Ciel	圜丘坛
le Parc du Lac Nord	北海公园
l'Ancien Palais d'été	圆明园
le Long Corridor	长廊
le Palais d'Été	颐和园
la Colline de la Longévité	万寿山
le Lac de Kunming	昆明湖
le Temple des Lamas	雍和宫
la Grande Muraille	长城
les Tombeaux des Ming	明十三陵

LEÇON 12

Activités complémentaires

En plus des visites et des excursions incluses dans le forfait, les agences de voyages proposent aussi des activités optionnelles, telles que sports, soirées, banquets, spectacles, pour profiter davantage du séjour. Même un voyage bien chargé offre parfois des activités payantes au choix. Elles peuvent avoir lieu avant, pendant ou après le tour package d'origine.

Qu'est-ce que le guide doit faire pour organiser les activités complémentaires ? Il doit être attentionné, curieux et attentif aux besoins des touristes. Il présente le matériel, clarifie les doutes et encourage l'interaction entre les touristes sur la culture locale. Il est prêt à fournir des informations, des idées et des conseils pour faire une telle ou telle activité. Il doit répondre tout de suite à des questions comme « Comment ça va se passer ? », « Ça coûte combien ? », « Est-ce que c'est dangereux ? », « Quel est le meilleur moment pour y aller ? » Le guide doit également savoir quels sont les lieux déconseillés aux touristes. Quand les touristes lui posent des questions, il peut leur donner tout de suite des raisons valables et objectives pour ne pas avoir choisi cette destination. Il les prévient des dangers de ces lieux et leur déconseille fortement de s'y rendre pendant leur temps libre, etc. Le guide doit en effet toujours être prêt à aider les touristes à faire des réservations, à organiser le transport et à éviter les zones dangereuses, etc.

Voici des activités que l'on peut proposer aux touristes :

● Sports

Si le groupe est jeune et plein d'énergie, les activités sportives peuvent être un bon choix. Les touristes peuvent s'entraîner en admirant de beaux paysages. C'est une bonne idée pour les touristes qui aiment le sport et la nature. La plongée, le kayak, le beach-volley, le golf, le patinage, la randonnée pédestre et le rafting sont des activités sportives très populaires.

> **Vocabulaire**
>
> complémentaire *adj.* 补充的，补足的
> interaction *n.f.* 相互作用，互动
> plongée *n.f.* 潜水
> kayak *n.m.* 帆布划艇

● Dégustation des cuisines de régions différentes

On dit que la Chine est un pays de gourmandise. Sa cuisine est renommée. En fait, au lieu de dire « la » cuisine chinoise, il vaut mieux dire « les » cuisines chinoises. En effet, dans « l'Empire du Milieu », les plats se varient d'une région à l'autre. Les modes de cuisson, les présentations, les ingrédients et les épices sont tous différents. Il est donc intéressant de déguster des plats de régions différentes. Comme il y a de nombreux restaurants, les touristes ont besoin des conseils du guide. Ce dernier doit recommander des lieux réputés. Si c'est nécessaire, le guide aidera les touristes à réserver des places, à assurer le transport, etc.

● Pèlerinages

On trouve facilement des temples bouddhistes, taoïstes, des mosquées, etc. Certains de ces sites sont devenus touristiques, tandis que d'autres sont plus calmes. Une visite de ces lieux est une expérience spirituelle qui aide souvent à comprendre la culture chinoise.

● Spectacles, opéras et festivals locaux

En Chine, chaque région a ses spectacles et ses opéras locaux. Des minorités ont également leurs propres cultures, des costumes et des festivals différents. Il est intéressant de proposer aux touristes de voir les différentes facettes de la Chine. Il faut que le guide se renseigne à l'avance sur les programmes des festivals, concerts, spectacles, opéras, etc. Il leur conseillera des activités culturelles réputées en prenant soin de leurs goûts.

● Achats

Les touristes aiment rapporter des souvenirs de voyages. L'artisanat de beaux vêtements bon marché et les spécialités locales attirent les touristes, surtout la clientèle féminine. Faire les magasins devient une partie indispensable d'un voyage. Voici les demandes et les conseils pour un guide au sujet du shopping :

✓ Pendant un circuit, le guide n'a pas le droit de guider un groupe pour aller dans un magasin non désigné par son agence de voyage. Il ne peut pas prolonger le temps prévu dans les magasins.

✓ Le guide ne peut pas vanter la qualité d'un produit touristique. Il ne peut pas non plus forcer les touristes à consommer.

✓ Si des touristes veulent acheter des antiquités, le guide doit les informer que la facture sera demandée à la douane lors de leur départ. Attention ! Les boutiques d'antiquité donnent les documents nécessaires, mais

Vocabulaire

randonnée *n.f.* 出游，远足
pédestre *adj.* 步行的，徒步的
gourmandise *n.f.* 贪吃，美食
pèlerinage *n.m.* 朝圣

les petits commerçants dans la rue (marché noir) n'en ont pas.

- ✔ Le guide ne peut pas vendre des produits aux touristes lui-même.
- ✔ Le guide ne peut pas demander aux magasins un pourcentage sur les ventes.
- ✔ Quand les touristes veulent acheter des médicaments traditionnels chinois, le guide doit les informer des plafonds autorisés : les touristes étrangers ont le droit d'emporter des produits dont la valeur est inférieure à 3 000 yuans et pour des touristes de HongKong, Macao et Taiwan, la limite est fixée à 1 500 yuans.
- ✔ Informez les touristes qu'il est interdit de sortir des produits tels que le musc, la corne de rhinocéros, l'os de tigre de Chine.
- ✔ Vérifiez les règlements de la douane à l'avance. Informez les touristes avant qu'ils n'achètent les produits concernés. Précisez-leur les différences entre les magasins et les marchés, les endroits où l'on peut marchander le prix, les endroits où il faut faire attention à la qualité des produits.
- ✔ Prévenez les touristes qu'il faut changer de l'argent à la banque plutôt que sur un marché et être vigilants quand ils sortent de gros billets ou quand ils utilisent leur carte de crédit.

Questions

1. Dans votre région, quels sont les sports que l'on peut proposer aux touristes ?
2. Avant de proposer un spectacle, qu'est-ce que le guide doit préparer ?
3. Quand des touristes veulent déguster des plats locaux, que doit faire le guide ?
4. Quand un guide accompagne des touristes pour faire les magasins désignés dans le circuit, qu'est-ce qu'il ne faut pas faire ?
5. Qu'est-ce qu'un guide doit faire quand des touristes veulent faire les magasins eux-mêmes ?

Partie 2
Dialogues

Dialogue I – S'informer sur les spectacles ou les événements

Situation : Marie est guide pour un groupe de touristes francophones qui feront leur voyage pendant les vacances de Pâques. Elle s'informe sur les événements dans la ville de destination, Saint-Roch, auprès de l'office de tourisme local.

Office de tourisme : Office de Tourisme de Saint-Roch, bonjour !

Marie : Bonjour, je m'appelle Marie Bouchard, je suis guide pour un groupe de touristes. Je voudrais avoir des renseignements sur les événements dans votre ville.

Office de tourisme :	Pour quelle période ?
Marie :	Pour les vacances de Pâques, du 22 mars au 7 avril.
Office de tourisme :	Recherchez-vous des événements particuliers ?
Marie :	Des activités pour toute la famille. Dans mon groupe, il y a six familles avec des enfants.
Office de tourisme :	Alors à ces dates, nous organisons trois manifestations : le carnaval des enfants, l'exposition *Les œufs en folie*, et un tournoi de tennis.
Marie :	Le carnaval des enfants ?
Office de tourisme :	C'est un défilé costumé qui se déroule dans les rues du centre-ville. Les enfants qui souhaitent y participer, fabriquent leurs costumes le matin dans un atelier et défilent ensuite l'après-midi.
Marie :	Et cette exposition *Les œufs en folie*, qu'est-ce que c'est exactement ?
Office de tourisme :	C'est une exposition d'œufs géants en chocolat que nous présentons chaque année avant Pâques.
Marie :	Bien ... merci beaucoup pour tous ces renseignements.
Office de tourisme :	Si vous le souhaitez, je peux vous envoyer notre brochure sur les manifestations culturelles du printemps.
Marie :	Avec plaisir ... Je vous donne mes coordonnées : Marie Bouchard ...

Dialogue II – Dans un magasin

> **Situation** : Xiaowen, guide locale, accompagne un groupe de touristes francophones qui veulent acheter des souvenirs. Ils entrent dans un magasin de produits artisanaux.

Xiaowen :	Mesdames et Messieurs, votre attention, s'il vous plaît. Nous sommes arrivés dans le magasin d'artisanat. Vous avez une heure pour faire vos achats et on se rejoint au car à 16 heures. Vous avez des questions ?
Un touriste :	Est-ce qu'il y a « les quatre trésors » dans ce magasin ? J'aimerais bien acheter un coffret de calligraphie pour mon fils.
Xiaowen :	Oui. À côté du rayon peinture, il y a des pinceaux, de l'encre, etc.
Une touriste :	Pourriez-vous me redire les spécialités de ce magasin ? Je ne vous ai pas très bien entendue dans le bus.
Xiaowen :	Bien sûr. C'est un magasin d'art et de produits faits à la main. Par exemple, vous verrez des calligraphies, des peintures traditionnelles chinoises, des produits cloisonnés, des émaux, des laques, des porcelaines, etc.
Un touriste :	Est-ce que ce sont des « vrais » ? Je veux dire, la qualité est comment ?
Xiaowen :	Rassurez-vous sur la qualité. C'est un magasin reconnu par l'État. Tous les

produits ici sont authentiques. C'est le meilleur magasin pour ce type de produits dans notre ville.

Une touriste :	Je veux acheter du jade. Vous pouvez me donner des conseils, s'il vous plaît ?
Xiaowen :	Vous pouvez observer la couleur, l'originalité et la finesse de la sculpture. La chrysolite, dont la couleur est verte et blanche, est considérée comme le meilleur jade.
Une touriste :	Et les prix de ce magasin sont comment ?
Xiaowen :	Ce sont des prix raisonnables.
Une autre touriste :	On peut marchander ?
Xiaowen :	Non. Ce n'est pas un marché. On ne peut pas discuter les prix. S'il y a une réduction, c'est écrit sur un panneau. En Chine, la façon d'indiquer les réductions est un peu différente. Je vous explique. Regardez ... là ... vous voyez un grand « 8 » sur le panneau rouge ? Ça veut dire que vous aurez 20% de rabais. Si vous voyez un « 7 », c'est 30% de rabais, ainsi de suite. Et si vous ne voyez rien, cela veut dire qu'il n'y a pas de réduction.
Les touristes :	D'accord. Merci. À tout à l'heure.

Partie 3

Façon de s'exprimer

Exercice 1

Voici la liste des synonymes de « voyage ». Retrouvez leur définition et le type de voyage qu'ils évoquent pour bien conseiller les touristes.

Noms :		
1. une balade	2. un circuit	3. une escapade
4. une excursion	5. une flânerie	6. une promenade
7. une randonnée	8. un tour	9. un voyage

Définitions :

A. fait d'aller dans plusieurs endroits pour le plaisir

B. déplacement d'une personne qui se rend dans un lieu assez éloigné

C. action de se promener sans but précis

D. parcours où on revient à son point de départ

E. distance à parcourir pour faire le tour d'un lieu ·

F. action de parcourir une région pour l'explorer, la visiter

G. promenade longue et sans interruption

H. fait de « s'échapper », évasion, sortie ; idée d'échapper aux habitudes de la vie quotidienne

I. promenade faite sans hâte, au hasard, en s'abandonnant à l'impression du moment

Évocation :

a. visite faite sans se presser, pour permettre d'avoir le temps d'apprécier les lieux, la nature, les sites

b. visite qui permet d'oublier qu'il s'agit d'une visite organisé ; évoque un caractère agréable

c. excursion à caractère sportif, avec plus ou moins de difficultés ; le plus souvent pédestre ou à vélo

d. visite qui permet d'être dépaysé (par exemple, retour dans un passé historique)

e. visite qui permet de découvrir, de site en site, une région ou une ville ; donne une idée de durée

f. visite qui permet de découvrir, de site en site, une région ou une ville, avec retour au lieu de départ ; idée de durée plutôt courte

g. visite agréable (où, par exemple, le contenu culturel est accessible sans difficulté) ; idée de légèreté et de brièveté. Le plus souvent pour une région, une époque

h. visite qui permet de découvrir plusieurs lieux de manière plaisante

i. visite à caractère complet

Exercice 2

Voici quelques mots dont vous avez besoin pour conseiller les touristes pendant les activités. Retrouvez dans la colonne 2 les contraires des expressions de la colonne 1.

1		2
1. visite optionnelle		a. entrée payante
2. circuit en bus		b. arrêt facultatif
3. visite guidée		c. circuit pédestre
4. entrée gratuite		d. visite incluse
5. arrêt obligatoire		e. visite libre

Exercice 3

Quand vous conseillez une spécialité culinaire, quelquefois vous devez expliquer quel est le type d'aliment ou le mode de préparation. Associez les noms des spécialités aux explications.

Les spécialités :

1. canard laqué   2. gâteau du Nouvel An   3. œufs de cent ans   4. nouilles

5. pains à la vapeur   6. poisson-mandarin à la mode de Suzhou   7. raviolis

8. poulet aux cacahuètes et aux piments   9. tofu

Les explications :

a. Produit à base de haricots de soja trempés puis réduits en une purée qui est bouillie, tamisée et gélifiée. Très riche en protéines végétales et très digeste, cette préparation est le plus souvent servie découpée en dés ou en lamelles.

b. Il est enduit d'une sauce aigre-douce, puis rôti et servi chaud ou froid.

c. C'est une spécialité particulièrement épicée, originaire du Sichuan. En chinois, gongbao jiding.

d. Appréciés à toute heure par les Chinois, de formes variées selon les régions et les fabricants, ils sont cuits à la vapeur, fourrés ou non d'une farce à base de viande et / ou de légumes.

e. Plat cuit à la vapeur, à base de farine de riz glutineux, de sucre, de saindoux et d'eau.

f. Ils sont en forme de demi-lune, composés d'une pâte à base de farine et d'eau, farcie avec de la viande hachée (porc, mouton) et de légumes parfumés à l'ail. Et comme dit le dicton chinois : « Pour le bien-être, rien ne vaut d'être allongé, et pour la bonne chère, rien ne vaut *les jiaozi* (nom de l'aliment recherché) » !

g. Conservés trois mois dans un mélange de paille, d'argile et de chaux vive, leur nom vient de leur surface sombre et veinée. Très populaires, ils symbolisent longévité et hardiesse.

h. Elles ont 2000 ans d'existence et sont préparées avec diverses farines : de blé *(mian en chinois),* la plus utilisée, mais aussi de riz (*fen* ou *mixian* en chinois), ou encore de haricots, de lentilles, etc. On cuisine avec les fameuses soupes, préparées devant les clients, mais aussi des nouilles sautées, au wok, accompagnées de viande.

i. D'eau douce à la chair ferme et savoureuse, il est grillé puis recouvert d'une sauce rouge sucrée.

Partie 4
Présentation de lieux touristiques chinois

1.　法语导游词创作ABC (2)

按游客需求进行创作

　　根据目的的不同，旅游主要可划分为度假观光旅游和商务会议旅游。以度假观光为主要目的的旅游者，在休养放松的同时，往往希望了解异国文化、风俗习惯，因此，导游词的风格应该轻松活泼，让游客感到轻松愉悦，避免一些沉重的话题。而商务会议的旅游者，行程紧凑，且对目的地的设备和服务能力都有较高需求，因此导游词应该简洁精练，内容深刻，表达效率高，如能对商务或相关行业作适当讲解，则效果更佳。

　　按旅游时间的不同，旅游可分为一日游和多日游。一日游的旅游者在目的地停留时间短，不过夜，基本上选择参观最能代表该目的地的景区游览参观。针对这类游客，导游词应当紧凑，言简意赅，避免冗长乏味的讲解。多日游的旅游者在目的地停留时间较长，不满足于走马观花的游览，需要对目的地的文化、风俗有较深层次的了解，导游词也应相应加入对当地文化风俗的介绍。

　　游客按年龄可以分为老年、中年和青年游客，老年旅游者一般收入水平较高，空闲时间多，但旅游的节奏较慢，导游词在内容上不易过于庞杂，以减轻听力上和记忆上的负担，可适当加入对古旧事物的讲解和追忆，渲染一种怀旧的气氛，以迎合老年人怀旧的心理。中年旅游者一般经济基础良好，有稳定工作，消费能力也最强。导游词的内容可以大量、丰富，也可以加入中年游客比较感兴趣的话题，如时事、教育、工作情况等。青年旅游者精力旺盛，易于接受新鲜事物，但他们的经济基础相对较差，对价格比较敏感。针对青年旅游者，导游词中可以加入对新鲜事物、时尚话题的探讨。同样，导游词的编排应根据性别加以区分，女性游客多时，导游词中可加入女性游客关心的话题，如家庭、时尚、购物等，若针对男性游客则可加入体育、科技等话题。

　　同时根据游客的客源国不同，导游词也应有所区分。

2.　创作实践

La municipalité de Shanghai

Lisez la présentation générale de Shanghai et ses alentours. Choisissez un lieu touristique à Shanghai et rédigez une présentation que vous jouerez devant la classe (pensez aux mots de liaison).

Shanghai est la ville la plus peuplée de Chine et l'une des plus grandes mégalopoles du monde avec plus de vingt millions d'habitants. Elle est située sur le Fleuve Huangpu près de l'embouchure du Yangtsé, à l'est de la Chine. La municipalité de Shanghai exerce sa juridiction sur dix-neuf subdivisions (dix-huit arrondissements et un canton).

Bénéficiant d'un climat subtropical humide, Shanghai se compose de deux parties distinctes, Puxi et Pudong (l'ouest et l'est du Fleuve Huangpu). La ville s'est développée tout d'abord exclusivement à Puxi mais depuis quelques années, sous l'impulsion du gouvernement, Pudong est devenue une zone de construction moderne où les entreprises et les gratte-ciels se multiplient. Le Bund, qui se trouve à Puxi, et Pudong, passé et futur, se toisent de part et d'autre du Fleuve Huangpu. Une croisière sur le Fleuve vous permet de traverser le temps.

Shanghai reflète l'envol économique de la Chine. Un dollar sur vingt du PIB chinois provient de cette ville et 1/5 des exportations du pays (qui ont augmenté de 500% en valeur réelle entre 1992 et 2008) transite par sa zone portuaire.

Shanghai possède la plus grande aciérie de Chine, et aussi l'une des plus modernes, à Baoshan, en bord de mer. L'activité automobile y est très importante : la fabrication de pneumatiques, avec une usine du groupe français Michelin, et l'assemblage, avec le partenariat entre Volkswagen AG et First Automobile Works chinois.

L'émergence de la ville comme centre financier de l'Asie-Pacifique, semble démontrer que Shanghai est en passe de retrouver la place de centre financier de l'Asie qu'elle occupait auparavant. Sa croissance à deux chiffres, les 18,9 millions d'habitants de sa région urbaine, sa mutation cosmopolite et son essor culturel l'appellent à devenir une métropole mondiale, aux côtés ·de New York, Londres ou Paris. Elle a accueilli avec succès l'Exposition Universelle de 2010.

L'Avenue Nanjing (longue de 5 kilomètres) fut autrefois la grande artère de la concession dite « internationale ». Elle est considérée maintenant comme le vrai centre de Shanghai et elle offre souvent dans sa partie ouest, près du fleuve, le spectacle d'une indescriptible cohue de piétons.

Parallèlement à Beijing, Shanghai est un foyer d'activités culturelles de plus en plus proche des standards occidentaux. Les galeries d'art contemporain comme ShanghART, Eastlink, Island 6, Art Scene Warehouse en sont quelques exemples. Ses nombreux sites historiques célèbres comprennent aussi le Musée de Shanghai, le Musée des Beaux-Arts, le Centre de Sculpture, le

Musée de Lu Xun, le Mémorial du siège du 1ᵉʳ Congrès du Parti Communiste Chinois, etc.

Seul monument remarquable du passé de Shanghai — détail que les habitants de ses prestigieuses voisines Suzhou et Hangzhou ne manquent pas de souligner —, le Jardin Yu fait l'objet de toutes les attentions. Composé de nombreuses cours reliées entre elles par des embrasures aux formes variées, le jardin offre de magnifiques perspectives.

Noms propres

le Fleuve Huangpu	黄浦江
le Bund	外滩
l'Avenue Nanjing	南京路
ShanghART	香格纳画廊
Eastlink	东廊画廊
Island 6	6号岛画廊
Art Scene Warehouse	艺术景仓库
le Musée de Shanghai	上海博物馆
le Musée des Beaux-Arts	上海美术馆
le Centre de Sculpture	上海雕塑艺术中心
le Musée de Lu Xun	鲁迅故居
le Mémorial du siège du 1ᵉʳ Congrès du Parti Communiste Chinois	中共一大会址纪念馆
le Jardin Yu	豫园

LEÇON 13

Gestion des situations d'urgence (1)

Au cours du voyage, le guide se trouve très souvent dans des situations imprévisibles et embarrassantes :

- touristes égarés ;
- touristes n'ayant pu prendre leur avion ;
- vol retardé ou annulé ;
- surréservation d'hôtel ;
- perte des bagages ou de pièces d'identité, etc. ;
- changement d'itinéraire ;
- maladie ou décès des touristes au cours du voyage ;
- vol d'effets personnels ;
- accident de voiture ;
- panne et /ou mauvais fonctionnement de l'autocar ;
- changement climatique ;
- incendie.

En cas d'urgences ou d'incidents, le guide doit réagir immédiatement et de façon adéquate. Sinon, cela pourrait décourager les touristes, avoir des effets secondaires sur le déroulement du voyage, ou même porter atteinte à la réputation d'une agence de voyages ou à l'image publique d'un pays. La mauvaise gestion d'un incident pourrait l'aggraver et finir en catastrophe. C'est pourquoi il faudra être prudent, préventif et coopératif. Les guides locaux, nationaux et internationaux doivent donc travailler ensemble pour gérer un problème au lieu de se critiquer les uns les autres ou de se dérober à leurs responsabilités. Il y a quatre niveaux d'exigences pour un guide :

- prévention d'une situation d'urgence ;
- prise de conscience d'une situation d'urgence potentielle ;
- réaction à une situation d'urgence ;

Vocabulaire

imprévisible *adj.* 无法预见的，难以预料的

égarer *v.t.* 使迷路

se dérober *v.pr.* 躲避，回避

✔ capacité à gérer des situations d'urgence.

Il y a des règles précises à respecter rapidement concernant le traitement des situations d'urgence. Vous devez donc connaître le manuel des procédures d'urgence qui a été conçu spécialement dans ce but. La sécurité des clients est ce à quoi vous devrez toujours veiller. Voici quelques cas typiques d'urgence auxquels un guide peut être confronté et des conseils efficaces pour les résoudre.

● Retrouver un touriste perdu

Lorsqu'un touriste disparaît pendant une visite, il faut réagir d'une façon calme et raisonnable. Suivez les procédures suivantes :

Tout d'abord, des efforts seront faits immédiatement pour la recherche du touriste à l'endroit où il a été vu pour la dernière fois, aux alentours et dans les lieux où il avait prévu de se rendre. Restez en contact avec l'hôtel et demandez au personnel de vous informer si le client perdu y revient.

Deuxièmement, n'oubliez pas de prendre soin des autres touristes pendant la recherche du touriste perdu. Si son absence perdure, demandez de l'aide aux employés du site touristique visité. Si l'on ne peut pas le retrouver, faites un rapport à votre agence de voyages et demandez l'aide de la police. Vous devez leur fournir la description détaillée du touriste : nom, âge, couleur des cheveux, couleur des yeux, poids et taille approximatifs et ce qu'il porte, tout signe distinctif …

Si le guide est responsable de l'égarement du touriste, il doit s'excuser sincèrement auprès de ce dernier après qu'il a été retrouvé. Il devra aussi le réconforter au lieu de lui faire des reproches. Dites-lui ainsi qu'aux autres touristes comment éviter de s'éloigner du groupe. Ensuite, rédigez un rapport en cas d'accident grave, et décrivez en détail les événements.

Pour éviter la perte d'un touriste, vous devez :
✔ prendre des mesures préventives, expliquer de manière explicite aux touristes les lieux et heures de rendez-vous et donner toujours un lieu de rassemblement en cas de séparation du groupe.

Vocabulaire

perdurer *v.i.* 持续
se dérouler *v.pr.* 发生，进行
approximatif, ve *adj.* 近似的，
　大概的
explicite *adj.* 明白的，明确的

✔ vous assurer que les touristes ont bien compris l'itinéraire de la journée entière, les lieux à visiter, l'heure de rendez-vous, et connaissent votre numéro de téléphone et / ou de l'agence de voyages.
✔ compter le nombre des touristes ou faire un appel avant le transfert de personnes vers la destination suivante.

● La diarrhée du touriste

Les changements climatiques, le décalage d'horaire, les longues heures de visite, la perturbation des habitudes alimentaires et d'autres raisons peuvent provoquer la diarrhée du touriste. On pourra l'éviter si l'on suit les règles suivantes :

✔ Prenez les repas dans un restaurant recommandé ou reconnu par l'autorité du tourisme local au lieu d'un snack-bar sans licence ou des stands au bord de la rue, qui ne sont pas soumis à des règles d'hygiène aussi strictes. Acheter et consommer des aliments ou des boissons de marques réputées.

✔ Faites attention à ce que vous mangez. L'intoxication ou la pollution alimentaire peuvent également se produire dans la cuisine ou pendant le service. Manger des aliments qui sont cuits en face de vous, si c'est possible, ou manger les plats qui sont cuits dans la cuisine du restaurant. Si vous avez des doutes sur l'hygiène des plats, n'hésitez pas à demander au restaurant de les changer.

✔ Veillez à ne pas laisser les touristes s'exposer au soleil trop longtemps. Notez que même lors de la baignade en mer, on perd de la chaleur et on peut se déshydrater. Rappelez-vous de prendre et de consommer de l'eau embouteillée. Ainsi, en consommant une quantité adéquate de liquide, votre corps sera en meilleure condition pour résister aux microbes.

> **Vocabulaire**
>
> diarrhée *n.f.* 腹泻
> perturbation *n.f.* 扰乱，紊乱
> provoquer *v.t.* 引起，激发
> soumettre (se) *v.pr.* 服从，屈服
> stand *n.m.* 摊位，饮食店
> intoxication *n.f.* 中毒，毒害
> hygiène *n.f.* 卫生
> fraîchement *adv.* 刚才，新近
> baignade *n.f.* 洗澡，沐浴
> se déshydrater *v.pr.* 脱水，缺水
> microbe *n.m.* 微生物

Questions

1. Quelles sont les situations d'urgence auxquelles un guide peut être confronté ?
2. Quelles sont les quatre niveaux d'exigences pour un guide face aux cas d'urgence ?
3. Comment faire pour retrouver un touriste perdu ?
4. Comment faire pour diminuer les risques d'avoir la diarrhée ?
5. Quelle est la première priorité pour un guide ?

Partie 2

Dialogues — Dialogue I – Répondre à une situation d'urgence

Situation : Julien, 14 ans, est malade pendant la nuit. Il a vomi plusieurs fois. Sa mère et le guide, Estelle Dupré, l'accompagnent à l'hôpital.

Docteur : Bonjour, alors qu'est-ce qui ne va pas ?

Julien :	J'ai mal au ventre et j'ai vomi trois fois et je suis allé plusieurs fois aux toilettes.
Docteur :	Depuis quand ?
La mère :	Ça fait trois heures à peu près.
Docteur :	As-tu eu mal au ventre après le repas du soir ?
Julien :	Oui.
Docteur :	Qu'est-ce que tu as mangé au dîner ?
La mère :	On a pris une fondue chinoise dans un petit restaurant. Et après, il a mangé un yaourt et une glace.
Docteur :	Te sens-tu faible ?
Julien :	Oui, je me sens très fatigué.
La mère :	Qu'est-ce qu'il y a ? Une gastro-entérite ?
Docteur :	Oui.
Estelle :	Est-ce que c'est grave ? A-t-il besoin d'être hospitalisé ?
Docteur :	Au moins 12 heures d'observation. Je vais lui ordonner une infusion et des médicaments. *(À Julien)* Reste au lit. Bois de l'eau le plus possible pour éviter la déshydratation. Ne mange pas de nourriture grasse. On te fait une infusion tout de suite et on verra. D'accord ?
Julien :	OK.
La mère :	*(À Estelle)* Je vais rester avec lui.
Estelle :	D'accord. Ne vous inquiétez pas. Je reste aussi. Si ça va mieux, je rejoindrai le groupe tout à l'heure. Si vous avez besoin de quelque chose, vous me le dites et je vous l'apporterai demain matin.
La mère :	D'accord. Merci.
	(Estelle n'est pas partie jusqu'à ce que tout soit arrangé. En même temps, elle fait un rapport à son agence de voyages au sujet de cette situation d'urgence. Le lendemain matin, pendant le petit déjeuner, Estelle se dépêche de rendre visite à Julien à l'hôpital.)
Estelle :	Salut. Ça va mieux, Julien ? Je t'apporte de l'eau minérale.
La mère :	Ça va beaucoup mieux. Le docteur nous a dit que l'on pourrait sortir cet après-midi.
Estelle :	J'en suis ravie. Je vais faire préparer des repas plus légers pour vous.
La mère :	Merci beaucoup.
Estelle :	De rien.

Dialogue II

Situation : Madame Dubois a subi un vol quand elle faisait une promenade après être sortie d'une bijouterie. Zhang Li, le guide, l'accompagne au commissariat. Un policier prend sa déposition.

Zhang Li :	Bonjour. Je suis Zhang Li, guide de l'Agence *Joyeux Voyage*. Voici Mme Dubois de France. Elle est en voyage en Chine dans mon groupe. Après être sortie du magasin Shunzuan, elle a été victime d'un vol. Le voleur a pris son sac dans la rue Renyi, une ruelle derrière le magasin.
Le policier :	Bien. Rassurez-vous. Vous avez rempli une fiche de renseignement ? Nom,

	prénom, coordonnées. Bon, pourriez-vous me donner des détails ? Comment est votre sac ? Qu'est-ce qu'il y avait dedans ?
Mme Dubois :	C'est un sac Louis Vuitton avec un dessin classique que j'ai acheté dans le Marché aux Perles il y a quelques jours. Dans le sac, il y avait mon porte-monnaie avec 2 000 yuans et 3 cartes de crédit, un collier de perles et une bague avec un diamant de 0,45 c que je venais d'acheter dans le magasin et mes papiers d'identité, sans compter un peu de maquillage et d'autres objets sans importance.
Le policier :	Il était quelle heure ?
Mme Dubois :	Je ne m'en souviens plus.
Zhang Li :	On est rentré dans le magasin vers 9 h 45. L'heure prévue du rassemblement était 10 h 30. C'était juste avant l'heure du rendez-vous. Alors je pense que c'était 10 h 20 environ.
Le policier :	Madame, pourriez-vous décrire la personne qui vous a volé le sac ?
Mme Dubois :	C'était un jeune homme avec un blouson noir. Une vingtaine d'années. Il portait une casquette et un jean.
Le policier :	Est-ce que vous avez vu son visage ?
Mme Dubois :	Non. Quand il a marché vers moi, il a baissé sa casquette et je n'ai pas fait attention. Quand il était près de moi, tout d'un coup, il a saisi mon sac et s'est enfui en courant. Il a pris un scooter garé pas loin et il a disparu.
Le Policier :	Vous n'avez pas été blessée ?
Mme Dubois :	Non, il m'a un peu poussée mais ça s'est passé tellement vite. Je n'ai pas vraiment résisté.
Le policier :	Bon. Je vous donne une attestation de vol et avec cela, vous pouvez redemander un passeport dans votre consulat et un visa auprès des autorités chinoises. Nous allons chercher le voleur. Si l'on a des nouvelles, on vous tiendra au courant.
Mme Dubois :	Merci, Monsieur.

Partie 3

Façon de s'exprimer

Exercice 1   Faut-il prendre des précautions particulières ?

Quelles recommandations feriez-vous au touriste dans les cas suivants ? Complétez les phrases à l'aide d'un verbe à la forme qui convient.

Exemple : <u>N'emportez qu</u>'un minimum d'objets de valeur.

1. _____ vos objets de valeur, documents, bijoux et devises dans les coffres-forts des hôtels.

2. _____ aucun objet de valeur dans un véhicule en stationnement.

3. _____ les aires de stationnement désertes (les parkings privés et surveillés sont plus sûrs).

4. _____ aborder dans la rue par des inconnus qui vous offrent leurs services gratuitement (notamment dans le cas d'un accident de voiture).

5. _____ toute boisson ou tout mets offert par un inconnu.

Exercice 2

Quand on voyage dans des lieux qui pourraient être dangereux, le guide doit prévenir les touristes à l'avance. Analysez chacun des cas suivants et dites comment vous allez recommander ou déconseiller la proposition faite.

Exemple : Cas – les banlieues du sud de la ville ; proposition – s'aventurer.
→ *Il est fermement recommandé de ne pas s'aventurer dans les banlieues du sud de la ville.*

Cas	Proposition
1. les banlieues du sud de la ville	– s'aventurer
2. la rue touristique est surveillée en permanence par la police	– s'éloigner de la rue
3. les vols sont fréquents dans la région touristique	– passer la frontière la nuit
4. bijoux et tenues vestimentaires de valeur attirent l'attention et la convoitise	– être discret et vigilant
5. en cas d'agression	– résister à l'agresseur qui pourrait faire usage d'une arme
6. lors d'un paiement	– faire preuve de la plus grande vigilance lors de l'utilisation des cartes de crédit
7. en ville hors agglomération	– circuler vitres fermées et portières bloquées – circuler la nuit
8. dans les quartiers défavorisés	– faire du tourisme
9. après avoir fait des photocopies des documents officiels	– laisser les originaux dans le coffre de l'hôtel
10. en cas d'agression	– donner un minimum d'argent
11. un paquet peut contenir des stupéfiants ou des explosifs	– accepter un colis d'un inconnu
12. dans les transports en commun et dans les restaurants	– faire attention aux effets personnels
13. en cas d'urgence	– avoir toujours sur soi le numéro du consulat ou d'une personne à prévenir
14. lorsqu'on vient de changer de l'argent, ainsi qu'à l'arrivée à l'aéroport	– ne jamais prendre un taxi stationné en face de l'établissement bancaire ou du distributeur de billets – prendre les taxis appelés par radio – accepter de suivre les personnes qui vous interpellent et disent être chauffeurs de taxi

Exercice 3

Les touristes doivent impérativement respecter les règles concernant les us et coutumes des pays qu'ils visitent. Sélectionnez des indications précises sur ce qu'il convient de faire ou de ne pas faire dans votre pays, de manière à faire respecter les règles de conduite vestimentaires, sociales, religieuses, etc. Présentez oralement ces renseignements aux touristes et faites les recommandations utiles, sans que cela ne paraisse contraignant ou pénible à suivre. Insistez sur le fait que la découverte et l'application de ces différences culturelles font partie du voyage et de la rencontre de ce pays et des habitants.

Partie 4
Présentation de lieux touristiques chinois

1. 法语导游词创作ABC (3)

抓住游客兴趣点进行创作

　　法语国家和地区的游客由于其国家的政治、经济、社会、历史、文化与我国有很大的差异，往往对我国的基本国情和文化风俗很感兴趣。导游如果能抓住游客的兴趣点，适当增加游客感兴趣的内容，在讲解中有的放矢，便可以提高其讲解的吸引力。以下列举一些法语国家游客感兴趣的话题，以供参考：

　　1. 中国特色的社会主义制度和政策法规。来华的游客大部分来自资本主义国家，对有中国特色的社会主义制度感觉陌生和好奇，对社会主义民主、人权也知之甚少，经常会问导游相关的问题。在政策法规方面，他们对计划生育政策、民族政策、宗教政策、福利医疗等内容格外感兴趣。导游可根据情况，适当在导游词中加入相关介绍。

　　2. 中国传统文化和传统节日。中国传统文化博大精深，不可能在短短几天内讲述得面面俱到，导游可以从他们曾经听说过、感兴趣但又不十分了解的方面着手讲解，如戏曲、太极拳、中医、茶文化、酒文化、属相等，以激起他们的兴趣。另外，传统节日也是不错的切入点，因为它是传统文化的一部分，是我国历史文化长期积淀的产物。

　　3. 宗教信仰。大多数的外国人都有自己的宗教信仰，因此他们很好奇中国人的信仰问题。大部分中国人信佛教吗？儒家就是儒教吗？没有信仰为什么还去烧香？道教是什么样的教？一连串的问题都在等着导游解答。

　　4. 思维模式和处事方法。外国游客对中国人的思维模式、处事方式和日常生活也很感兴趣。为什么自己明明很渴，但当朋友提供饮品时，第一次还是要拒绝？什么是"要面子"？"中庸"就是沉默不表态吗？是谦虚有度吗？抱着"入乡随俗"的想法，他们有时很想知道在一个场合自己该如何做，如果恰巧这个场合导游在讲解中提到过，游客便可以"听以致用"，觉得无比满足和有成就感。

2. 创作实践

Suzhou et Hangzhou

Lisez la présentation générale de Suzhou et de Hangzhou. Choisissez un lieu touristique dans la région et créez une présentation que vous jouerez devant la classe.

Suzhou est une ville de la province du Jiangsu dans l'est de la Chine. Située sur le cours du Fleuve Yangtsé et non loin du Lac de Taihu, la ville n'est qu'à une centaine de kilomètres de Shanghai. Suzhou est une des villes les plus anciennes du bassin du Fleuve Yangtsé et le berceau de la culture Wu. Suzhou est également connue pour être la capitale de la soie. En raison de ses nombreux canaux, Suzhou est appelée « la Venise de l'Est ». Par ailleurs, de nombreux jardins traditionnels réputés sont disséminés sur son territoire. Aujourd'hui, elle compte plus de deux millions d'habitants.

Ville du poisson et du riz : Suzhou est située à proximité du Lac de Taihu et du Grand Canal. Le poisson est donc facile à pêcher à proximité de la ville. Le climat relativement tempéré et le sol fertile de la région font que le riz y a été cultivé depuis très longtemps, il y a environ 6 000 ans.

Mais surtout, Suzhou possède de nombreux jardins renommés : le Jardin de la Politique des Simples (Zhuozheng Yuan), le Jardin du Couple retiré (Ou Yuan), le Jardin de l'Harmonie (Yi Yuan) et le Jardin du Maître des Filets (Wangshi Yuan), etc. Au total, neuf jardins sont classés dans la liste du patrimoine culturel mondial par l'Unesco. Marco Polo aurait dit que Suzhou possédait 6 000 ponts sur ses nombreux canaux. De nos jours, il y a environ 160 ponts dans la ville et autant en périphérie. Les Pagodes Jumelles et la Pagode du Temple du Nord sont renommées elles aussi. Cette dernière est construite à l'époque de la dynastie des Ming.

Dès le XIIIe siècle, Suzhou est célèbre pour sa production de tissus en soie. Le tissage et la broderie de Suzhou existent depuis la dynastie des Song, c'était une des quatre villes de la Chine très réputée pour cet art. Suzhou abrite d'ailleurs le Musée de la Soie.

Hangzhou est la capitale de la province du Zhejiang. La ville est située au fond de la baie de Hangzhou, à 200 km au sud-ouest de Shanghai. Hangzhou fut la capitale de la Chine sous la dynastie des Song du Sud et a été célébrée pour sa beauté. La ville ancienne, construite au bord du célèbre Lac de l'Ouest, possède un riche patrimoine architectural et attire de nombreux touristes.

Le Lac de l'Ouest fait environ 15 km de circonférence, avec une profondeur moyenne de 2,27 m, sa capacité est de 14 290 000 m^3 d'eau. Des pavillons anciens, des terrasses et des jardins ont été construits sur ses îlots. Selon les caractéristiques des paysages et les changements des quatre saisons, les anciens ont établi « les dix sites pittoresques du Lac de l'Ouest ». Au dos du billet de 1 yuan chinois l'on peut voir la représentation du Lac de l'Ouest.

Selon des mots attribués à Aodun Zhouqing, poète de la dynastie des Yuan : « Au ciel il y a le paradis, sur la terre il y a Suzhou et Hangzhou. »

Noms propres

le Lac de Taihu   太湖
le Grand Canal   京杭大运河
le Jardin du Couple retiré   藕园
le Jardin de l'Harmonie   怡园
le Jardin du Maître des Filets   网师园
les Pagodes Jumelles   苏州双塔
la Pagode du Temple du Nord   北寺塔
le Musée de la Soie   苏州丝绸博物馆
le Lac de l'Ouest   西湖

LEÇON 14

Gestion des situations d'urgence (2)

● **Sécurité des biens**

Chaque année, il arrive que des voyageurs se fassent voler leurs objets de valeur, leurs passeports, etc., ce qui entraîne des inconvénients ou des dommages matériels. Un vol peut ruiner tout le voyage. Qu'est-ce qu'un guide doit faire pour garder les biens des touristes en sécurité ? Voici quelques règles élémentaires :

✔ Dites aux touristes de mettre les objets de valeur dans un coffre fort à l'hôtel, au lieu de les laisser directement dans la chambre.

✔ Prévenez des dangers en permanence : ne laissez jamais les objets personnels sans surveillance dans des lieux passants et animés. Avant chaque départ, demandez aux touristes de vérifier qu'ils ont bien avec eux leurs effets, que rien n'est oublié. Comptez les bagages et mettez-les dans l'autocar avec précaution.

✔ Dites aux touristes de ne pas montrer d'argent en public pour éviter de devenir la cible d'un voleur; de garder l'argent près d'eux, dans une pochette autour de la taille, ou à l'intérieur d'un vêtement (par exemple, dans la poche intérieure d'une veste).

✔ Dites-leur de mettre le matériel photographique dans un sac, devant eux, où il ne pourra être vu ou sera hors d'accès pour un voleur.

✔ Évitez de garder les pièces d'identité ou d'autres documents importants pour les touristes. Ils doivent veiller eux-mêmes à leurs documents et objets de valeur et les placer par exemple dans le fond d'un paquet pendant la visite. Dites-leur de garder ce paquet en face d'eux quand ils vogagent.

> **Vocabulaire**
>
> bien *n.m.* 财产，物资
> entraîner *v.t.* 招致，引起
> ruiner *v.t.* 破坏，毁坏，使毁灭
> avertissement *n.m.* 通知，告知，警告
> surveillance *n.m.* 监督，管理
> cible *n.f.* 靶，目标，对象
> bondé, e *adj.* 挤满人的，塞得满满的

✔ Veillez à ce que les fenêtres soient fermées après que les passagers descendent de l'autocar.

● Traitement des urgences médicales

Idéalement, toute personne qui travaille extensivement avec le public, devrait avoir une connaissance de base des règles de premiers secours. Comme il y a certaines responsabilités à s'impliquer dans les urgences médicales, il est nécessaire pour le guide de se mettre à jour continuellement afin de maîtriser ces techniques et bien connaître les nouvelles normes en vigueur. Les guides doivent être conscients des engagements auxquels ils font face. Ils doivent connaître et comprendre les lois qui règnent dans les pays où ils exercent les activités professionnelles.

La priorité en cas d'urgence devrait toujours être de contacter des professionnels de la santé aussi rapidement que possible tout en protégeant la zone de l'accident et en pratiquant les premiers soins sur le blessé jusqu'à l'arrivée des premiers secours.

Voici quelques principes face à un blessé :
✔ Restez calme.
✔ Protégez la zone de l'accident. Vérifiez qu'il n'y a plus de danger pour d'autres personnes. Balisez la zone afin que personne d'autre ne puisse être blessé.
✔ Faites appeler l'aide ou appelez vous-même (pompier, hôpital, police…).
✔ Ne déplacez pas le blessé à moins qu'il ne soit en danger (comme au milieu d'une rue dans un incendie). En effet, en cas de chute, la colonne vertébrale peut avoir été touchée, il est alors important de garder le blessé immobile jusqu'à ce que les secours arrivent. Dans ce cas, le guide devrait protéger la victime et demander de l'aide pour s'assurer que la circulation ou la foule est loin de lui.
✔ Si le blessé doit être déplacé, saisissez-le par les bras ou les chevilles et tirez-le dans un endroit sûr.
✔ Si le blessé est conscient, asseyez-le par terre, dans la position où il est le plus à l'aise.
✔ S'il est inconscient mais respire, placez-le en position latérale de sécurité (sur le côté).
✔ Écoutez et cherchez la respiration et vérifiez le pouls.
✔ Si le blessé ne respire pas, le guide ou la personne la plus qualifiée disponible devrait commencer immédiatement le bouche-à-bouche et le massage cardiaque. Une personne qui cesse de respirer ne peut pas vivre longtemps, vous avez trois minutes pour agir, le cerveau ayant besoin d'être oxygéné.

Attention : Toujours être certain que le Samu (Service d'Aide Médicale d'Urgence) a été alerté avant de commencer une réanimation cardio-pulmonaire (RCP) !

Vocabulaire

veiller *v.t.indir.* 注意
baliser *v.t.* 设置信标
vertébral, e *adj.* [医]椎骨的
cheville *n.f.* 踝，踝骨
pouls *n.m.* [医]脉，脉搏
cardiaque *adj.* 心脏的，患心脏病的

● Prendre note de l'événement

Après les urgences médicales, le guide doit faire immédiatement un rapport en détail à son agence de voyages. Il doit décrire tout ce qu'il sait de l'incident, tels que le déroulement, le temps, le lieu, les raisons, les mesures prises, les soins médicaux reçus, la période concernée, le nom des médecins traitants ou le nom de la société d'ambulance, les noms et adresses des hôpitaux, les entreprises de taxis, les préoccupations du guide et d'autres informations. Il est fort conseillé de faire un rapport écrit aussitôt que possible et de noter les renseignements au fur et à mesure sur un carnet que vous aurez toujours sur vous.

Bien que les situations soient imprévisibles, le guide doit quand même prendre les mesures de précaution pour éviter les incidents et pour prévenir, préparer et répondre aux situations d'urgence. N'oubliez pas de rassurer les touristes. Ayez toujours en tête : la sécurité des touristes est la priorité.

Questions

1. Qu'est-ce qui est le plus important pour les touristes pendant le voyage ?
2. Quels sont les gestes de secours que vous connaissez ?
3. Comment protéger les biens des touristes ?
4. Quels sont les principes d'un voyage en sécurité ?
5. Pourquoi faut-il prendre note de l'événement ?

Partie 2
Dialogues — Dialogue I – Répondre à une situation d'urgence

> **Situation :** Mlle Li est employée de l'agence *Joyeux Voyage*. Elle accompagne le groupe de l'aéroport à l'hôtel. M. Martin, membre du groupe, ne trouve pas sa valise qui aurait du être livrés dans sa chambre. Il est impatient et il cherche Mlle Li.

Mlle Li : Bonjour, M. Martin. Vous avez l'air inquiet. Qu'est-ce qu'il y a ?

M. Martin : Je suis désolé de vous déranger. Mais je ne trouve pas ma valise. C'est important. Mes papiers d'identité et des documents importants sont tous dedans.

Mlle Li : Ne vous inquiétez pas. Je vais vous aider. Disons, il y a au total 16 bagages dans notre groupe. Je les ai comptés à l'aéroport et les ai recomptés à notre arrivée à l'hôtel. Les bagages étaient au complet. Ça veut dire que votre bagage ne peut pas s'être perdu à l'aéroport ou sur le chemin. Il doit être à l'hôtel.

M. Martin : Mais pourquoi n'est-il pas dans ma chambre ?

Mlle Li : Peut-être qu'il y a eu une erreur au moment de la livraison. Mais il se trouve quelque part à l'hôtel. Vous savez, cela peut arriver quand le porteur n'est pas prudent ou quand l'étiquette du nom est perdue.

M. Martin : Qu'est-ce que je peux faire alors ?

Mlle Li : Ne vous en faites pas. Je vais contacter immédiatement le service des objets perdus. Pourriez-vous décrire votre bagage ?

M. Martin : C'est une grosse valise noire avec une étiquette à mon nom.

Mlle Li : D'accord. Je vais demander au porteur de l'apporter dans votre chambre quand elle sera retrouvée.

M. Martin : Merci beaucoup.

Mlle Li : De rien.

(15 minutes plus tard)

M. Martin : *(Ouvrant la porte)* Oui, c'est le mien. Merci beaucoup.

Mlle Li : On l'a trouvé à un autre étage. Vérifiez-le, s'il vous plaît. À propos, il vaut mieux porter les pièces d'identité sur vous pendant le voyage. Laissez-les dans votre coffre-fort pendant les visites, mais pour les voyages, portez-les sur vous, pas dans la valise.

M. Martin : D'accord. Merci encore une fois.

Dialogue II

Situation : Emmanuel est le guide local du groupe. Avant de partir, il observe des touristes pour prévenir les problèmes. Il s'adresse à un monsieur qui porte trois caméras et à une jeune fille qui porte un short et un tee-shirt décolleté.

Emmanuel : Bonjour, Monsieur. Vous êtes amateur de photographie ?

Un monsieur : Oh oui ! C'est mon passe-temps favori.

Emmanuel : Vous savez ici, les gens n'aiment pas être photographiés. Je vous conseille d'éviter de prendre des photos des habitants.

Le monsieur : Mais moi, j'adore la photo. Je voyage pour ça, pour ramener de beaux clichés.

Emmanuel : Je comprends, mais je vous propose de demander d'abord aux gens s'ils sont d'accord. Sinon, ils risquent d'être choqués.

Le monsieur : Bon, d'accord.

Emmanuel : De plus, faites attention car il est parfois interdit de prendre des photos dans certains lieux de prière et dans quelques musées.

Le monsieur : Oui, oui, je sais, c'est comme chez nous.

Emmanuel : *(S'approchant de la fille qui porte un short et un tee-shirt décolleté)*
Bonjour, Mademoiselle. Pour visiter la ville, il vaut mieux que vous ayez d'autres vêtements.

La fille : Ben non, pourquoi ? Il fait tellement chaud !

Emmanuel :	Oui c'est vrai, mais les gens ici n'ont pas les mêmes habitudes. Ils sont très pudiques et votre tenue les choquera certainement.
La fille :	Mais c'est pas mon problème ! J'ai pas du tout envie de changer de vêtements.
Emmanuel :	Vous savez, j'insiste.... Vous, et le groupe aussi d'ailleurs, risquez d'être pris à partie par les habitants et je n'ai pas du tout envie que vous ayez des problèmes.
La fille :	Ok ! Je vais emmener une robe que je mettrai par dessus mon short quand nous visiterons la ville. Ça ira comme ça ?
Emmanuel :	Oui, très bien !

Partie 3
Façon de s'exprimer

Exercice 1   Observer et prévenir les problèmes

Voici une série de scènes avec des personnes que vous risquez de rencontrer dans votre profession. Il y a deux situations que vous avez vues dans Dialogue II. Faites un résumé de ce que le guide craint et ce qu'il propose pour ces deux situations. Pour la troisième situation, imaginez ce que la touriste risque de faire et jouez le dialogue entre le guide et la touriste.

Dessin A

Vous craignez :

_____

_____

Vous proposez :

_____

_____

Dessin B

Vous craignez :

_____

_____

Vous proposez :

_____

_____

Dessin C

Vous craignez :

_____

_____

Vous proposez :

_____

_____

Exercice 2   Si on vous dit ... que répondez-vous ?

Associez les questions aux réponses.

1. Il y a des amibes ? 2. On peut boire de l'eau ? 3. Les piqûres de moustiques sont dangereuses ? 4. Il y a un hôpital dans le coin ? 5. On peut manger les légumes ? 6. Est-ce qu'on peut manger les fruits sans les éplucher ? 7. J'ai mal au ventre, qu'est-ce que je peux faire ? 8. La malaria est fréquente dans cette région ? 9. Qu'est-ce qui se passe si quelqu'un est malade ? 10. La typhoïde, ça se manifeste comment ?	A. Une très forte fièvre, des vomissements, la diarrhée mais nous n'en avons jamais eu, alors que ça fait dix ans que nous organisons ce circuit. B. Non, mais mettez toujours, dans l'eau que vous buvez, un comprimé d'hydroclozone. C. Non, c'est désagréable, c'est tout. Mais vous avez une crème dermique protectrice dans la trousse à pharmacie. D. Cela dépend de la gravité. Nous avons une pharmacie très complète toujours avec nous. Il y a aussi des médecins locaux et si c'est nécessaire l'assurance vous prend en charge pour votre hospitalisation et un éventuel rapatriement. E. Il est fortement déconseillé de les manger crus. Préférez tout ce qui est cuit. F. Non, il vaut mieux éviter. Prenez plutôt des boissons en bouteilles ou, mieux encore, en cannettes. G. Non, mais vous avez des comprimés à prendre chaque semaine. N'oubliez pas ! H. Non bien sûr, et le meilleur fruit ici, c'est la banane. I. C'est tout à fait normal d'avoir l'estomac un peu barbouillé, nous avons dans la pharmacie des antiseptiques intestinaux très efficaces. J. Il y en a un, tenu par des médecins allemands, à moins de 50 km.

1	2	3	4	5	6	7	8	9	10

Exercice 3   Quel est le problème ? Comment les rassurer ?

Pour chacun des énoncés suivants, trouvez de quoi les touristes ont peur et sur quels points il faut les rassurer. Faites des dialogues.

1. Alberto, 70 ans, randonnée en ski de fond.

   « Vous comprenez, j'ai 70 ans. J'étais un très grand sportif, mais bon... mon cœur n'est plus tout jeune. Vous ne croyez pas que ça sera trop long pour moi 10 km ? »
2. Simone, 35 ans, 2 enfants, séjour en village de vacances.

   « Dites-moi, les enfants sont obligés de participer à toutes les activités ? Moi, les miens, ils ont peur des animaux et ça m'inquiète un peu. »
3. Nicole, 18 ans, étudiante, stage de spéléologie.

   « Moi, j'en ai jamais fait, ça me tente mais j'ai un peu la trouille, surtout dans le noir. Il faut avoir fait de l'escalade pour faire de la spéléo ? »
4. Jacqueline, 45 ans, séjour organisé de trois jours en moyenne montagne.

   « Excusez-moi, je voudrais vous dire que j'ai un problème particulier. Je dois impérativement suivre un régime sans sel et sans graisse. Vous croyez que vous pourrez faire quelque chose pour moi ? Ça ne dérangera pas ? »

De quoi ont-ils peur ?	Sur quels points rassurer ?
Alberto _____	Alberto _____
_____	_____
Simone _____	Simone _____
_____	_____
Nicole _____	Nicole _____
_____	_____
Jacqueline _____	Jacqueline _____
_____	_____

Comment dire ?

Rassurer

- Rassurez-vous
- Soyez tranquille.
- Ne vous en faites pas.
- Tout se passera très bien.
- Vous n'avez aucune raison de vous inquiéter.
- Mais bien sûr, vous êtes capable de faire cela.
- C'est très facile.
- Mais non, il n'y a pas de quoi s'inquiéter / avoir peur.
- Mais oui, le chauffeur est expérimenté.

- Ce n'est rien.
- N'ayez pas peur.
- Il n'y aura pas de problèmes
- Ne vous inquiétez pas.
- Vous verrez, tout ira bien.
- (La chaleur) est très supportable.
- Il n'y a rien à craindre.
- Il n'y a aucun souci à se faire.
- Les guides seront là pour vous aider.

Partie 4
Présentation de lieux touristiques chinois

1. 法语导游词创作ABC (4)

口语化

导游讲解是一门语言艺术，不能照本宣科、死记硬背。有些导游把收集到的导游词一字不差地背给客人听，甚至连书面语也照搬不误，这样做不免使自己的讲解晦涩难懂，缺乏互动，很难吸引游客。导游应该有选择地采用书本上或其他媒介上看到的导游词，加以理解消化，并进行一定的修改，然后用自己的语言表达出来。这样既易于记忆，又便于游客理解。

将书面语变成口语，在一般的法语文体学教材中都有相关的练习。它的基本原则是变长句为短句；变复合句为简单句；少使用从句和关系代词；变被动态为主动态；多使用通俗易懂的单词，少使用生僻词；少用命令式。

在讲解中，导游应注意运用口语特殊的表达方式，如：重读、停顿和语调，方便游客理解。重读就是突出一个音节或一组音节，它透露出情绪和强调某一重点的愿望；停顿是话语在倾吐过程中的中止，它也起到一种特殊的表达作用；语调是句子的旋律，它的上升或下降赋予了信息一些微小的差别或一个特殊的含义。在讲解中，导游应控制语速、把握语调、调节音量、注意停顿，以优美的声音和适当的目光、手势、微笑和姿态，使游客听得明白、看得舒心、玩得尽兴。

2. 创作实践

Xi'an

Lisez la présentation générale de Xi'an et de ses alentours. Choisissez un lieu touristique à Xi'an et créez une présentation que vous jouerez devant la classe.

Xi'an est la capitale de la province du Shanxi. Elle était appelée Chang'an durant la dynastie des Han et des Tang. L'actuel Chang'an se trouve aujourd'hui à quelques kilomètres au sud de Xi'an. Le climat y est tempéré. Xi'an exerce sa juridiction sur treize subdivisions (neuf arrondissements et quatre cantons).

Dans la ville, plusieurs bâtiments datent de la dynastie des Tang comme : la Grande Pagode de l'Oie sauvage, la Petite Pagode de l'Oie sauvage, la Forêt de Stèles (un musée de calligraphie) et la Grande Mosquée. Par contre, les remparts de Xi'an datent de la dynastie des Ming, tout comme la Tour de la Cloche et la Tour du Tambour. Vous pouvez voir que le Musée de l'Histoire du Shanxi rassemble d'ailleurs des pièces de collection de toutes les dynasties chinoises.

Dans les environs de Xi'an, le site le plus extraordinaire à visiter est le Mausolée de l'empereur Qin Shi Huang, célèbre pour son armée enterrée, composée de 6 000 guerriers et de chevaux en terre cuite de grandeur nature. Datant de 2 000 ans, Ce site ne fut découvert qu'en

1974 par des paysans lorsqu'ils construisaient un puit. En revanche, la tombe, située à environ 1,5 km à l'ouest et recouverte d'un tumulus, n'a pas encore été fouillée par les archéologues et n'est pas ouverte aux visiteurs. Le mausolée qui s'étend sur environ 56 km², est un mausolée dédié à l'empereur Qin Shi Huang. À quelques 1 500 mètres se trouvent les fosses contenant les statues de soldats datant de 210 av. J.-C et les chevaux en terre cuite. C'est

l'Armée de Terre cuite, destinée à garder l'empereur. Ces statues furent cuites dans des fours à une chaleur d'environ 900 °C, puis décorées et colorées. Les personnages mesurent près de 1,80 m à 2 m, et ont tous un visage différent grâce à un jeu d'assemblage des différents éléments composants le visage. Ils portent tous une arme (épée, arc, ou arbalète) en bronze recouverte d'une fine couche de chrome, certaines de ces armes auraient été pillées ou en partie retirées par des archéologues pour les analyser ou les exposer dans un musée, mais on peut encore distinguer leur trace dans la forme des mains.

Les mausolées des empereurs des Han de l'Ouest et des Tang se trouvent également dans les environs. Les sites sont néanmoins devenus des curiosités touristiques telles que le Mausolée de Qianling (qui contient la tombe de Wu Zetian) et ceux des empereurs Jing Di et Wu Di de la dynastie des Han.

Malheureusement, nous n'aurons pas le temps d'y aller, mais nons allons visiter un temple très intéressant. À environ 120 km à l'ouest de Xi'an se trouve le Temple Famen qui comporte deux parties : l'une date de la dynastie Zhou du Nord et l'autre, très moderne, est un nouveau complexe achevé en mai 2009, surmonté d'une pagode de 148 m de haut.

Noms propres

Chang'an	长安
la Grande Pagode de l'Oie sauvage	大雁塔
la Petite Pagode de l'Oie sauvage	小雁塔
la Forêt de Stèles	碑林
la Grande Mosquée	大清真寺
le Musée de l'Histoire du Shanxi	陕西历史博物馆
le Mausolée de l'empereur Qin Shi Huang	秦始皇陵
l'Armée de Terre cuite	兵马俑
le Mausolée de Qianling	乾陵
le Temple Famen	法门寺

LEÇON 15

Face aux plaintes

Il est reconnu à chaque échelon de l'industrie du tourisme que le futur de ce métier dépend de la qualité des produits qui assure les revenus des entreprises. C'est pour cette raison que la qualité est largement considérée comme l'élément clé de la croissance et de la rentabilité, ce qui souligne l'importance d'assurer la satisfaction des consommateurs. Il est également reconnu que les personnes travaillant dans cette industrie jouent un rôle majeur dans son succès ou son échec. Elles doivent adopter les bonnes attitudes et acquérir les compétences nécessaires afin de satisfaire les clients.

Les fautes du personnel dans le déroulement du voyage amèneront des plaintes des clients. Si ces insatisfactions ne sont pas correctement traitées, elles feront du tort à l'image d'une agence et pourront même faire perdre des clients potentiels. Dans un marché hautement concurrentiel comme celui d'aujourd'hui, aucune plainte susceptible d'avoir de graves conséquences ne peut être ignorée. Chacune doit être traitée rapidement et correctement. Il est également conseillé d'effectuer une enquête sur les causes des mécontentements et de trouver des solutions aux problèmes.

Il existe deux sortes de plaintes. Quelquefois, elles sont causées par le manque de motivation, connaissances, sincérité, enthousiasme ou efficacité des guides. Dans ce cas-là, l'administration d'une agence devrait faire attention aux compétences et aux attitudes de ses employés et organiser des formations continues.

Dans d'autres cas, elles ne concernent pas les guides personnellement, mais le séjour. Comme vous devrez faire face à un public très varié ayant une perception et un caractère différents, et qu'un produit touristique est un ensemble de produits offerts par différents fournisseurs, même un voyage bien planifié peut avoir des problèmes

Vocabulaire

rentabilité *n.f.* 赚（所得，利润）
souligner *v.t.* 强调
consommateur, trice *n.* 消费者，用户；顾客
efficacité *n.f.* 效力，效能，效率

pendant son déroulement. Les clients se plaignent chaque fois qu'ils trouvent un décalage entre ce qu'ils croyaient avoir acheté et ce qui est effectivement fourni. Plus l'attente est grande, plus la frustration et la déception sont immenses. En tant que guide, vous travaillez en première ligne, vous recevrez donc toutes les plaintes, peu importe d'où proviennent les problèmes. Alors vous devez être prêts à faire face aux diverses réclamations.

Établir de bonnes relations avec les touristes peut éviter des ennuis. Soyez toujours aimable. Une personne souriante, prévenante et aimable adoucit fréquemment une plainte, même dans une circonstance complexe. Au contraire, une froideur, ou même une trop grande réserve, provoque souvent des plaintes, même dans des circonstances moins graves.

Quand les touristes se plaignent, souvent ils ne distinguent pas les fautes du guide de celles des fournisseurs. C'est pourquoi vous devez écouter attentivement toute description des clients sur ce qui s'est passé. Certaines réclamations sont justifiées et graves, d'autres sont plutôt fantasques. Cependant, toutes doivent être étudiées. Le guide rend service aux touristes, ce qui l'aide à régler tous les problèmes avant qu'ils ne deviennent trop graves.

Avant d'accuser ou faire des excuses, le guide doit avoir tous les renseignements et éclaircir toute incertitude en posant des questions. Il doit prendre des notes et donner au client le sentiment que leur plainte est sérieusement traité, même si elle semble peu importante. Il faut reformuler la description afin de prouver que la plainte a été comprise.

En plus d'écouter, le guide doit essayer de comprendre les sentiments du client, même si le mécontentement semble injustifié. Les personnes qui signalent honnêtement les problèmes sont des sources précieuses pour connaître les prestataires de service, les destinations et le travail des guides. Ces derniers doivent expliquer quelles mesures doivent être prises. Même si le client est temporairement satisfait des explications du guide, la plainte doit être traitée selon les procédures. Si possible, des mesures doivent être prises pour éviter que l'incident ne se reproduise.

Voici les compétences nécessaires pour répondre aux requêtes ou aux plaintes.

● Écouter

Tout d'abord, vous devez écouter patiemment et être certain que vous comprenez ce que le touriste a dit et ce qui s'est passé. Cette action évite les malentendus et montre aux touristes que vous voulez l'aider. Répétez l'histoire et prenez des notes, si c'est nécessaire.

● Faire des excuses

Quel que soit le problème, excusez-vous toujours en premier, puis essayez de le régler. Comparez ces deux attitudes :

« Je suis vraiment désolé, Madame. Je vais voir ce que je peux faire pour vous. »

« Que voulez-vous que je fasse ? Ce n'est pas moi qui en suis responsable. Appelez mon directeur si vous voulez vous plaindre. »

S'excuser ne signifie pas que vous avez tort ni que vous avez l'air d'une personne faible. Avant tout, cela peut aider à calmer les touristes et à adoucir les situations.

● Régler le problème

Généralement, ce n'est pas la faute du guide. Mais comme vous êtes en première ligne, vous devez faire face aux problèmes et aux plaintes.

Si vous pouvez résoudre le problème provoqué par un malentendu, réglez-le avec confiance et politesse. Si le client n'est toujours pas satisfait, vous devez réétudier la situation et suggérer d'autres solutions.

Parfois, c'est le touriste qui a fait une erreur. Ne dites jamais: « Voyez, je vous l'avais bien dit ... »

● Partager le point de vue des touristes

Être d'accord avec les gens est un autre moyen de les calmer. Généralement, ils attendent que vous les défendiez contre ceux qui font mal leur travail. Votre accord montre que vous faites de votre mieux pour que les touristes passent un bon voyage. En toute occasion, ne soyez pas en colère.

● Prendre note de l'événement

Après une urgence médicale, des plaintes graves, vous devez rédiger immédiatement un rapport précisant les causes et les solutions, les circonstances, la date et les personnes impliquées et le transmettre à votre agence de voyages. S'il y a des conflits, vous devez demander aux parties adverses, ainsi qu'aux témoins, de signer son rapport pour être prêt à être examiné dans le futur.

Questions

1. Pourquoi traiter les plaintes est-il important pour l'industrie touristique ?
2. Comment calmer les touristes qui se plaignent ?
3. Pourquoi faut-il écouter d'abord la description des touristes ?
4. Que faut-il faire face aux plaintes ?
5. Qu'est-ce qu'il faut éviter de dire ou de faire pendant le traitement des plaintes ?

Partie 2
Dialogues

Dialogue I – Se plaindre de l'hôtel

> **Situation :** Nina Fang est guide interprète du groupe. À 8 heures du matin, elle attend les touristes dans le hall de l'hôtel. Monsieur Dumond descend le premier.

Nina : Ah, bonjour, Monsieur Dumond. Vous avez bien dormi ?

M. Dumond : Comment... ? Vous osez me poser cette question ! C'est une honte ! Un scandale ! Vous le faites exprès, ou quoi ?

Nina : Mais Monsieur, je vous en prie... calmez-vous. Qu'est-ce que je peux faire pour vous ?

M. Dumond : Voilà, je demande un autre hôtel. Celui-ci est insupportable. J'ai passé une nuit blanche, vous vous rendez compte ?

Nina : Vous voulez dire que vous n'avez pas bien dormi. Mais c'était à cause de quoi, Monsieur ?

M. Dumond : À cause de quoi ? À cause du bruit qu'on a fait.

Nina : Je suis très surprise, je vais voir ce qui s'est passé et on va trouver une solution.
(Quelques minutes plus tard)
Monsieur Dumond ?

M. Dumond : Oui.

Nina : Je suis désolée, mais il y avait un bal à l'hôtel hier soir. Ils nous assurent que ce soir sera calme, que vous ne serez pas dérangé et que vous dormirez tranquillement.

M. Dumond : D'accord. Je vous crois. Mais si c'est le même cas ce soir, je demande définitivement le changement d'hôtel et le remboursement.

Situation : M. Durac n'est pas content de son voyage. Il téléphone à l'agence pour se plaindre. Un agent répond au téléphone.

L'agent :   Agence *Joyeux Voyage*. Bonjour.

M. Durac :   Bonjour. Je voudrais parler à votre manager, s'il vous plaît.

L'agent :   Le manager n'est pas dans son bureau actuellement. Qui est à l'appareil ? Je peux vous aider ?

M. Durac :   Oui. C'est Pierre Durac. Ma femme, mes enfants et moi, nous sommes partis avec votre agence pour visiter Hong Kong les 27 et 29 janvier dernier. Le voyage a été une catastrophe. Je tiens à vous exprimer mon mécontentement.

L'agent :   Je suis désolé que vous n'ayez pas eu un voyage plaisant, M. Durac. Pourriez-vous me dire en détail ce qui s'est passé ?

M. Durac :   À mi-chemin vers la plage, l'autobus est tombé en panne. Nous sommes restés sous le soleil et la canicule pendant une heure et demie avant qu'un autre car n'arrive. Vous ne devriez pas vérifier le véhicule avant de partir ?

L'agent :   Vous avez raison. Nous devons le vérifier avant chaque trajet. Nous vous prions de nous excuser. Au sujet de l'attente du car de remplacement, c'est indépendant de notre volonté. Il y avait beaucoup de circulation.

M. Durac :   L'histoire n'est pas finie. Comme nous avons perdu une heure et demie, le guide nous a dit que nous n'avions pas le temps de nous baigner parce que c'était l'heure d'aller dans un magasin de montres de grande marque. Mon fils a pleuré quand il a su la mauvaise nouvelle.

L'agent :   Oui, mais comme vous le savez, ces magasins sont nos partenaires et nous permettent de proposer ces voyages. Et dans l'itinéraire, il était prévu d'y aller.

M. Durac :   Mais aller à la plage, c'était aussi écrit dans l'itinéraire, pourquoi n'y sommes-nous pas allés ? De plus, je pense que le guide n'a pas le droit de nous forcer à acheter des produits, c'est bien ça ?

L'agent :   Tout à fait. Notre guide vous a obligés à acheter ?

M. Durac :   Non. Mais elle était en colère parce qu'on n'a rien acheté dans ce magasin. Elle a alors arrêté de commenter et de présenter la ville. Elle n'a dit que des trucs pour nous persuader de faire des achats. Elle n'a pas arrêté d'en parler jusqu'à ce que nous ayons acheté des colliers dans un autre magasin de bijoux.

L'agent :   Qui était votre guide ?

M. Durac :   Xiaofei.

L'agent :   Je suis désolé, mais ce genre d'incident est très rare. Nous allons faire une enquête là-dessus, bien sûr. M. Durac, je vous tiendrai au courant. Pouvez-vous me rappeler vos coordonnées, téléphone et adresse ?

M. Durac :   D'accord. Mon numéro de téléphone est le 158 8888 6666. Mon adresse actuelle est 36 Rue de Xueyuan, à Beijing. Et je demande le remboursement de ce voyage.

L'agent : C'est le directeur qui a le pouvoir de décision. Je vais lui faire un rapport. Nous vous rappellerons très vite, dès que cette affaire sera élucidée.

M. Durac : Bon. Très bien.

L'agent : Merci de votre compréhension. Bonne journée, Monsieur.

Partie 3

Façon de s'exprimer

Exercice 1   Oui... mais...

Un client vous interpelle. Répondez à ses objections de façon variée et en utilisant l'une des trois stratégies suivantes :

- Oui... mais...

- Pourquoi ?

- Si je comprends bien...

Objections du client :

1. Il va y avoir beaucoup de monde et je n'aime pas me trouver au milieu de la foule.

   _____

2. Je ne sais pas si je vais y aller. Les acteurs ne sont pas très connus et c'est un peu loin.

   _____

3. Il est hors de question que j'aille à cette représentation. Les acteurs sont des amateurs.

   _____

4. C'est toujours pareil, les bons spectacles sont à des heures impossibles !

   _____

5. Bof ! Il n'y a pas vraiment de quoi s'extasier !

   _____

Exercice 2   Désarmez les « râleurs ».

Associez les réponses aux petits problèmes fréquemment rencontrés.

1. Il n'y a pas d'eau chaude.	A. - Mais vous avez beaucoup de choses sur place ! Piscine, bar, sauna, des prestations luxueuses... et puis vous avez une navette à votre disposition pour aller au centre ville.
2. Il n'y a pas de serviette.	B. - Ah ! c'est étonnant, je vais envoyer quelqu'un pour voir. Il est possible qu'il y ait un problème de plomberie.

3. La télé ne marche pas.	C. - Je suis vraiment désolé, je vais m'en occuper. - La femme de chambre est malade, le service s'en ressent.
4. C'est trop cher.	D. - Il faut se lever de temps en temps. Nous ferons des pauses un peu plus fréquentes.
5. C'est trop loin de tout.	E. - Vous avez bien essayé tous les boutons ? Je vous envoie quelqu'un.
6. Le car n'est pas confortable.	F. - Certes, mais toutes nos prestations sont de qualité. - Oui, bien sûr. mais nous vous proposons des choses que vous n'aurez pas ailleurs.

Exercice 3 À vous de répondre aux « râleurs ».

1. La cuisine est mauvaise.

_____

2. On vous attend depuis une demi-heure.

_____

3. Il fait très froid.

_____

4. Il y a beaucoup de bruit.

_____

5. Il fait trop chaud.

_____

Comment dire ?

Exprimer son mécontentement	- C'est inadmissible, inacceptable ! - Il est impensable, intolérable... - je trouve inconcevable que... - Je tiens à vous exprimer mon mécontentement.
S'excuser	- Je suis désolé. - Nous regrettons. - C'est regrettable. - Nous vous prions de nous excusez. - Excusez-nous.
Dédramatiser	- C'est souvent le cas. - Ça arrive malheureusement souvent / parfois. - C'est classique ! - Ah ! Ça, ce sont des choses qui arrivent.

Se justifier	- C'est indépendant de notre volonté. - Je suis très surpris, c'est très rare. - Ça arrive très rarement. - Nous avons fait tout ce qui était en notre pouvoir. - J'ai fait tout ce qui était possible.
Justifier **(tout événement extérieur)**	- Il y a des embouteillages. - Il y a une grève. - Le temps n'est pas favorable. - C'est à cause de la météo. - Il y a eu une panne. - La route est inondée. - C'est indépendant de notre volonté.
Chercher une solution	- Je vais voir ce que je peux faire. - je vais me renseigner. - On va trouver une solution. - On va arranger ça. - Ça peut s'arranger. - On peut trouver une solution. - Il y a une solution. - Je vais m'en occuper. - On peut trouver un arrangement.
Dédommager	- À la place de... - En remplacement... - En guise de dédommagement, - Pour nous faire pardonner, nous... - Permettez-moi de vous offrir... - Pour essayer d'oublier tout ça, nous vous invitons à...

Partie 4

Présentation de lieux touristiques chinois

1. 法语导游词创作ABC (5)

个性化

个性化的导游词主要体现在两个方面，第一是导游词要满足游客个性化的需求，即针对游客的某个特点或需要，加入相应的讲解和介绍，做到因人而异、因时而异、因地而异，避免"千人一词"、"千团一词"的呆板语言；第二是导游词应表现导游的个性，文如其人，"话"如其人，个性不同的导游在进行导游词的创作与讲解时，风格也会截然不同。

既然是个性化的导游词，就没有条条框框，导游可以根据自己的性格，在原始材料基础上创作出幽默型、体贴型、煽情型等多种多样的导游词。

在导游词中加入个体体验，也可增加导游词的个性化，同时激起游客的共鸣。因为大多西方游客的思维方式更加偏重以个人为中心，很注重个人体验，不喜欢空泛、笼统、概括性的讲解。导游人员可以在讲解介绍景点的同时用亲身的经历为例证，谈谈亲身感受，说说心里话，可使游客的游览体验变得更加丰富，游客比较容易接受并喜欢。

2. 创作实践

Province du Yunnan

Lisez la présentation générale de la province du Yunnan. Choisissez un lieu touristique dans cette province et créez une présentation que vous jouerez devant la classe.

Le Yunnan est une province au sud-ouest de la Chine, sur la frontière entre le Vietnam et la Birmanie. Il regroupe des populations de diverses appartenances ethniques (22 minorités). En tant que région essentiellement montagneuse, le Yunnan possède des paysages d'une très grande diversité, des plateaux arides du Tibet jusqu'aux forêts tropicales du Xishuangbanna. C'est une province essentiellement agricole dotée de terres très fertiles et d'un climat généralement clément. Il exporte une très grande variété de fruits et de légumes.

Le Yunnan abonde en ressources naturelles. Les eaux des montagnes sont très pures dans le nord et l'eau de Lijiang est naturellement légèrement sucrée. La province est connue comme « le paradis des plantes et des animaux ». Elle compte plus d'espèces de plantes d'origine tropicale ou subtropicale, tempérée et froide que n'importe quelle autre province chinoise. Parmi les 30 000 espèces de plantes rares chinoises, 18 000 peuvent être trouvées dans le Yunnan.

Kunming, le chef-lieu de la province du Yunnan, est situé dans une cuvette à environ 2 000 m d'altitude, et entouré de rizières en étages. On le surnomme la « ville du printemps éternel », notamment en raison du Lac Dian qui régule sa température. Ce que les touristes apprécient dans cette localité, ce sont ses maisons anciennes, ses nombreux parcs et ses grottes somptueuses et bien aménagées. Kunming Expo 99 a été une exposition botanique internationale qui a duré 6 mois.

Lijiang, sans doute la plus belle ville du Yunnan, est une ancienne cité, avec la culture Dongba des Naxi qui a conservé tout son charme, tout en se dotant d'un aérodrome et d'infrastructures modernes, entourée par quelques anciens villages et notamment un site de préservation de la culture Dongba.

La Forêt de Pierre (Shilin) est un parc de plus de huit hectares où l'on peut se promener dans des formations naturelles vertigineuses.

Le district de Shangri-la est une région du plateau tibétain de haute montagne. Les paysages impressionnants contiennent les Gorges du Saut du tigre et la première baie du Fleure Yangtsé.

La ville de Dali est la capitale historique d'une des minorités Bai, avec ses Trois Pagodes du Temple Chongsheng, son temple bouddhiste surplombant la ville et sa jolie ville ancienne.

Le Xishuangbanna est une région habitée par la minorité Dai, qui représente 75% de la population totale de la région. Le climat est tropical. Les cocotiers, les bananiers et le Mékong rappellent l'Asie du Sud-Est. On peut y visiter deux parcs : un botanique de classe internationale ouvert au public, et un autre abritant une forêt tropicale primaire et la présentation de cultures de différentes minorités. Cette région produit de l'argenterie et des bijoux en argent et en pierres précieuses.

Le Hulusi, flûte à hanche composée d'une gourde et de bambous, est très populaire dans cette région de culture Dai et s'est répandu dans toute la Chine.

Noms propres

le Vietnam	越南
la Birmanie	缅甸
le Tibet	西藏
le Xishuangbanna	西双版纳
le Lac Dian	滇池
Kunming Expo 99	1999昆明世界园艺博览会
la Forêt de Pierre	石林
Shangri-la	香格里拉
les Gorges du Saut du tigre	虎跳峡
les Trois Pagodes du Temple Chongsheng	崇圣寺三塔

Fin du voyage

Le voyage, le séjour ou la visite touche à sa fin. À ce moment, le guide peut être épuisé et penser que le départ des touristes est moins important que leur arrivée. Mais, définitivement non! La fin est aussi importante que le début. C'est l'occasion d'avoir des commentaires positifs en fournissant de bons services jusqu'au bout, ce qui peut faire oublier de petites fautes que vous auriez commises pendant le trajet si jamais il y en a eu. Même un voyage qui s'est très bien passé nécessite votre attention jusqu'à la toute dernière seconde pour finir sur une bonne note.

Vous devez faire quelques préparatifs pour le départ. Les services que vous proposerez peuvent être divisés en deux parties : ceux d'avant le départ et ceux du départ même. Vous avez donc plusieurs tâches à effectuer et un plan de départ à préparer. Voici les procédures principales :

● **Le service d'avant le départ**

✔ Vérifiez les billets de transport au moins un jour avant le départ. Faites attention aux informations importantes, telles que l'orthographe du nom des touristes, la destination, le numéro de vol, l'heure de départ, etc. Pour les vols internationaux, il faut reconfirmer les billets 72 heures avant le départ.

✔ Si l'heure de départ de l'avion (du train ou du bateau) est modifiée, n'oubliez pas d'en informer les personnes concernées, c'est-à-dire, les touristes mais aussi le personnel qui doit les accueillir à la destination suivante.

✔ Prévenez le guide national ou international de l'heure et du moyen de faire délivrer les bagages. Informez les touristes de l'heure d'embarquement.

Vocabulaire
épuisé, e *adj.* 疲惫不堪的
commettre *v.t.* 犯(罪行，错误)，干(坏事，蠢事)
orthographe *n.m.* 拼写
délivrer *v.t.* 交付，发给

- ✔ Rappelez aux touristes d'apporter tous leurs effets, rappelez-leur le nombre et le poids des bagages autorisés, ainsi que leurs dimensions.
- ✔ Rendez les pièces d'identité aux touristes une fois que vous n'en avez plus besoin. Vous n'en êtes plus responsable. Chaque voyageur doit garder ses papiers sur lui.
- ✔ Rappelez aux touristes de s'assurer qu'ils ont tous les papiers nécessaires pour passer la douane : le passeport, la fiche de déclaration à la douane, l'attestation des antiquités et des médicaments, etc.
- ✔ Rappelez aux touristes de régler à l'hôtel tous les frais non compris dans le séjour.
- ✔ Demandez aux touristes de remplir des questionnaires d'enquête. Récupérez-les une fois remplis.

● Le service du départ

- ✔ Délivrez un discours d'au revoir. Vous pouvez faire un bilan de ce que vous avez visité, remercier les touristes de leur coopération, demander pardon pour les fautes commises pendant le voyage (si cela s'est produit), encourager les touristes à vous donner des commentaires et leur souhaiter un bon retour. Dites aussi que vous êtes heureux de les avoir accompagnés, que vous avez beaucoup appris pendant le voyage et que vous les remerciez encore de leur support, etc.
- ✔ Arrivez à l'aéroport 3 heures avant l'heure de décollage s'il s'agit d'un vol international, 2 heures pour un vol national et 1 heure pour le train.
- ✔ Quand le bus arrive à l'aéroport (à la gare ou au port), vérifiez que rien n'est laissé dans le bus.
- ✔ Aidez les touristes s'ils en ont besoin quand ils enregistrent leurs bagages et récupèrent la carte d'embarquement.
- ✔ Dites au revoir sincèrement et souhaitez un bon voyage aux touristes.
- ✔ Vous pouvez partir après que les touristes franchissent le premier contrôle et entrent dans la zone réservée aux voyageurs.
- ✔ Réglez la facture du chauffeur.

De même que vous avez préparé l'arrivée des touristes et donné une bonne impression au début du voyage, lors de l'accueil, faites de votre mieux à la fin aussi, pour le départ. Une dernière image dure longtemps. Une mauvaise fin pouvant ruiner tous vos efforts fournis pendant le voyage, il vous faut donc attacher de l'importance aux dernières heures.

Vocabulaire

dimension *n.f.* 尺度，尺寸
récupérer *v.t.* 收回，取回
décollage *n.m.* （飞机的）起飞

Voici un exemple de discours d'au revoir :

Mesdames et Messieurs,

Que le temps passe vite ! Notre voyage va bientôt finir. Vous êtes arrivés en Chine il y a deux semaines, et maintenant, vous allez partir avec plein de souvenirs et vos propres perceptions des lieux que vous avez visités.

Pendant ces deux semaines, vous avez visité : Beijing, la capitale de la civilisation la plus ancienne du monde ; Guilin, où les rivières sont comme des ceintures de soie et les montagnes comme des épingles à cheveux en jade ; Hangzhou, Suzhou et Shanghai, des perles sur le delta du Fleuve Yangtsé ; Guangzhou, où vous avez dégusté des dim-sums et des plats cantonais et le mélange des cultures chinoises. Bien que le séjour ait été court, j'espère que le séjour a été une belle aventure pour vous. Je souhaite qu'un jour vous ayez l'opportunité de revenir en Chine et de mieux connaître encore « l'Empire du Milieu ».

Durant ces deux semaines, nous avons eu beaucoup de joie et de plaisir. Vous avez été coopératifs, compréhensifs et ponctuels, ce qui a facilité mon travail. Je vous en suis reconnaissant. Je vais garder un bon souvenir de notre séjour. J'espère vous revoir et vous servir de guide lors de votre prochain voyage en Chine.

« On ne peut pas plaire à tout le monde. » Je suis désolé s'il y a eu des inconvénients et des ennuis pendant votre voyage. Si tout s'est bien passé, dites-le à vos amis ; Sinon, je vous demande de nous dire ou de nous écrire pour que nous améliorions le service.

Au nom de l'Agence *Joyeux Voyage*, de toute l'équipe et en mon nom, je vous remercie encore une fois de votre participation et coopération et je vous souhaite un bon retour. Bon voyage !

> **Vocabulaire**
>
> épingle *n.f.* 大头针；别针，饰针
> opportunité *n.f.* 良机，机会
> ponctuel,le *adj.* 准时的

Questions

1. Pourquoi la fin d'un voyage est-elle aussi importante que le début ?
2. Quels sont les services d'avant le départ ?
3. Quels sont les contenus d'un discours d'au revoir ?
4. Pourquoi un discours d'au revoir est-il important ?
5. Est-ce que le guide peut partir quand le groupe arrive à l'aéroport (ou à la gare, au port) ? Justifiez votre réponse.

Partie 2
Dialogues

Dialogue I – Partir

Situation : C'est le jour du départ. L'avion décolle à 11h du matin. Maintenant, Nina Fang, guide de l'Agence *Joyeux Voyage*, accompagne le groupe à l'aéroport. Après le discours d'au revoir, elle bavarde avec M. et Mme Dumond qui sont assis à l'avant du car.

Nina :	Le temps passe vraiment vite ! Ça fait trois semaines que vous êtes arrivés en Chine, mais il me semble que c'était hier que je vous ai accueillis à l'aéroport. Maintenant, vous allez partir.
Mme Dumond :	Oui. C'était un très bon voyage pour nous.
Nina :	Que pensez-vous de la Chine maintenant ?
Mme Dumond :	Avant de venir en Chine, je ne connaissais pas très bien votre pays. Dans ma tête, j'imaginais des hommes avec de longues tresses et des femmes avec des pieds de lotus. *(Rire)* Quand je suis descendue de l'avion, j'ai compris que j'avais tort.
M. Dumond :	Je trouve que la Chine est un grand pays avec des paysages variés, des cuisines et des coutumes différentes aussi. C'est très intéressant de la visiter. Surtout c'est un pays avec une longue histoire et une culture continue. Ce n'est pas possible de la connaître en un seul voyage, en une seule fois.
Nina :	Vous êtes toujours les bienvenus en Chine.
M. Dumond :	Merci. On pense revenir pendant l'Exposition universelle de Shanghai 2010. C'est de mai à octobre, c'est ça ?
Nina :	Tout à fait. Du 1er mai au 31 octobre 2010. Je serai bénévole pour l'Exposition de Shanghai. Mon agence de voyage peut vous aider à acheter les billets à l'avance si vous le souhaitez.
Mme Dumond :	Oui, ce serait une très bonne idée. Je vous contacterai quand on aura pris une décision.
Nina :	Pas de problème. Je suis contente que le voyage vous ait plu et que vous ayez envie de revenir. Bon. On arrive. Descendons de l'autocar. Vérifiez que vous avez tout pris avec vous.

Dialogue II – À l'aéroport

> **Situation :** Le groupe est arrivé à l'aéroport. Après être descendu de l'autocar, le guide Nina Fang a compté le nombre de touristes et de bagages. Elle accompagne le groupe pour l'enregistrement.

Nina :	Mesdames, Messieurs, suivez-moi, s'il vous plaît. La zone d'enregistrement internationale est au fond du terminal.
Touriste A :	Est-ce que je peux apporter ma crème hydratante pour les mains en cabine ?
Nina :	C'est une petite bouteille ? On n'a pas le droit d'apporter plus de 100 ml de produits de beauté en cabine.
Touriste A :	Non, c'est un emballage de 150 ml. Bon alors, je vais la mettre dans ma valise et faire l'enregistrement.
	(Ils arrivent au guichet d'enregistrement pour le groupe.)
Nina :	Préparez les passeports. On va faire l'enregistrement. Ce ne sera pas long.

Touriste B : *(Après l'enregistrement des bagages)*
Nina, c'est l'heure de vous dire « au revoir » maintenant. Je garderai un très bon souvenir de vous et de mon séjour en Chine. Merci.

Nina : Ça me fait plaisir. Je suis heureuse de vous avoir accompagné pendant ces trois semaines. J'ai appris beaucoup de choses auprès de vous. J'espère vous revoir un jour.

Touriste B : Je l'espère aussi. La prochaine fois, quand je reviens en Chine avec mes amis, je vous appellerai. Vous êtes tellement aimable, souriante et patiente. J'espère que vous serez aussi mon guide la prochaine fois.

Nina : Ce sera une joie de vous servir de guide une autre fois.

Touriste B : Magnifique. C'est entendu. Merci.

Touriste C : Nina, est-ce que je peux vous demander une dernière chose ?

Nina : Oui. Allez-y.

Touriste C : Hier mon appareil photo est tombé en panne. Je vous ai demandé de prendre quelques photos avec le vôtre. Pourriez-vous me les envoyer par courriel ?

Nina : Bien sûr. Pourriez-vous me donner votre adresse d'email ?

Touriste C : Voici ma carte de visite. Toutes mes coordonnées sont écrites dessus.

Nina : D'accord. Je vous les enverrai.

Touriste C : Merci beaucoup.

Nina : Je vous en prie.
Bon, c'est l'heure pour vous de passer la douane. Au revoir et bon voyage !

Touristes : Merci. Au revoir.

Partie 3

Façon de s'exprimer

Exercice 1   Êtes-vous satisfait ?

Vous êtes guide accompagnateur. Vous interrogez les touristes sur leur degré de satisfaction. Pour chaque point ci-dessous, quelle question pouvez-vous poser ? (Plusieurs réponses sont possibles)

Ex. : hôtel → Vous avez aimé l'hôtel ? L'hôtel vous a plu ? Comment avez-vous trouvé l'hôtel ? Que pensez-vous du confort de l'hôtel ? etc.

1.   repas :
2.   service (au restaurant) :
3.   excursions :
4.   soirées :
5.   activités sportives :

Exercice 2   Évaluation

Les clients évaluent les prestations touristiques. Voici quelques commentaires. Cochez les commentaires positifs.

1. Le prix du séjour est beaucoup trop élevé.
2. Les animateurs ne sont pas assez disponibles.
3. Le service est très soigné.
4. Je n'ai pas du tout apprécié les commentaires du guide.
5. Les spectacles sont très bien. Bravo !
6. Le service a été parfait !
7. - L'information sur les activités ludiques a-t-elle été suffisante ?
   - Pas terrible.
8. C'était un très bon séjour.
9. Qu'est-ce que c'est bien !
10. Ce n'est pas très intéressant.
11. C'est vraiment beau.
12. J'adore ! C'est super !
13. Ça n'a pas beaucoup d'intérêt !
14. Je me suis ennuyée !

Exercice 3

Lisez le questionnaire suivant. Selon vous, c'est un questionnaire pour quelle sorte d'établissement ? À partir du modèle suivant, vous concevrez vous-même un autre questionnaire pour connaître les opinions des touristes sur une visite.

Questionnaire de satisfaction

Pour chacun des points suivants, merci d'indiquer votre niveau de satisfaction en cochant la case qui correspond à votre choix :

1 = Très satisfait   2 = Satisfait   3 = Moyennement satisfait   4 = Mécontent

---

★ ÉVALUATION GLOBALE DU SÉJOUR

Quelle note donnez-vous à l'attitude de notre personnel ?	☐1 ☐2 ☐3 ☐4
Cet hôtel offre-t-il un bon rapport qualité-prix ?	☐Oui ☐Non
Reviendrez-vous volontiers dans cet hôtel ?	☐Oui ☐Non

★ HÉBERGEMENT

Confort	☐1 ☐2 ☐3 ☐4
Propreté	☐1 ☐2 ☐3 ☐4
Décoration	☐1 ☐2 ☐3 ☐4
Salle de bains	☐1 ☐2 ☐3 ☐4

★ RESTAURATION

Dans quels restaurants avez-vous pris vos repas ?

_____

Avez-vous apprécié les repas ?   □1□2□3□4
Avez-vous essayé autres restaurants dans la station ?
Si oui, merci de les citer et de nous donner vos appréciations :
1_____   □1□2□3□4
2_____   □1□2□3□4
3_____   □1□2□3□4

★ ACTIVITÉS SPORTIVES

Avez-vous pratiqué des activités sportives ?   □Oui □Non
Si oui, merci de les évaluer :

Activités	Équipements	Animateurs
Golf	□1□2□3□4	□1□2□3□4
Tennis	□1□2□3□4	□1□2□3□4
Piscine	□1□2□3□4	□1□2□3□4
Sports nautiques	□1□2□3□4	□1□2□3□4
Vélo	□1□2□3□4	□1□2□3□4
Gymnastique	□1□2□3□4	□1□2□3□4
Équitation	□1□2□3□4	□1□2□3□4

★ ACTIVITÉS LUDIQUES

L'information sur les activités ludiques a-t-elle été suffisante ?   □Oui □Non
Jeux   □1□2□3□4
Discothèque   □1□2□3□4
Machines à sous   □1□2□3□4

Partie 4

Présentation de lieux touristiques chinois

1. **法语导游词创作ABC (6)**

跨文化交际因素

由于中西方文化差异较大，人们的生活方式、思维方式、价值观念、语言习惯，包括许多日常行为都存在明显的文化差异。因此，在跨文化交际中会出现很多文化冲突，导游应该具有跨文化交际意识，避免不必要的麻烦和误会。这里列出几种较常见的文化冲突，供大家借鉴。

(1) 隐私方面的冲突

中国人的隐私观念比较薄弱，认为个人要归属于集体，在一起讲究团结友爱，互相关心，故而中国人往往很愿意了解别人的酸甜苦辣，对方也愿意坦诚相告。而西方人则非常注重个人隐私，讲究个人空间，不愿意向别人过多提及自己的事情，更不愿意让别人干预。因此在隐私问题上中西双方经常发生冲突，例如：中国人第一次见面往往会询问对方的年龄、婚姻状况、儿女、职业，甚至收入，在很多中国人的眼里这是正常的寒暄，但在西方人眼里这些问题侵犯了他们的隐私。

(2) 时间观方面的冲突

西方人的时间观和金钱观是联系在一起的，时间就是金钱的观念根深蒂固，所以他们非常珍惜时间，在生活中往往对时间都做了精心的安排和计划，并养成了按时赴约的好习惯。在西方，要拜访某人，必须事先约定，说明拜访的目的、时间和地点，经商定后方可进行。而中国人在时间的使用上具有很大的随意性，一般不会像西方人那样严格地按照计划进行，西方人对此往往感到不适应。

(3) 客套语方面的冲突

中国人在与人交际时讲求"卑己尊人"，把谦虚看作一种美德，这是一种富有中国文化特色的礼数。在别人赞扬我们时，我们往往会自贬一番，以表谦虚有礼。在西方国家则没有这样的习惯，当他们受到赞扬时，总会很高兴地说一声"谢谢"表示接受。由于中西文化差异，我们认为西方人过于自信，毫不谦虚；而当西方人听到中国人这样否定别人对自己的赞扬或者听到他们自己否定自己的成就，甚至把自己贬得一文不值时，会感到非常惊讶，认为中国人不诚实。

(4) 餐饮习俗方面的冲突

中华民族素有热情好客的优良传统。在交际场合和酒席上，热情的中国人常常互相敬烟敬酒。中国人宴客，即使美味佳肴摆满一桌，主人也总习惯讲几句"多多包涵"之类的客套话。主人有时会用筷子往客人的碗里夹菜，用各种办法劝客人多吃菜、多喝酒。而在西方国家，人们讲求尊重个人权益和个人选择，所以他们不会做强人所难的事，吃饭的时候，绝不会硬往客人碗里夹菜，也不会用各种办法劝客人喝酒。

2. **创作实践**

Guangzhou et Shenzhen

Lisez la présentation générale de deux villes du delta de la Rivière des Perles. Choisissez un lieu touristique dans la région et créez une présentation que vous jouerez devant la classe.

Guangzhou, « Canton » en français, est le chef-lieu de la province du Guangdong située au sud de la Chine. Avec plus de 9 millions d'habitants, c'est la sixième grande ville du pays. C'est aussi une des premières villes à s'être ouverte aux investissements étrangers au début des années 1980. La proximité de Hong Kong a favorisé l'émergence de tout le Guangdong. C'est ainsi que la Foire Internationale de Guangzhou, qui se tient deux fois par an (en avril et en octobre), est l'une des plus grandes foires commerciales du monde. On y négocie aussi bien du textile que de l'électronique.

Guangzhou est une ville réputée dans toute la Chine pour sa gastronomie. La cuisine cantonaise a su aussi très bien s'exporter en Occident. Elle est aussi connue pour ses sites touristiques. On y trouve par exemple la CITIC Plaza, l'une des dix plus hautes tours du monde, l'Ilôt de Shamian sur la Rivière des Perles, qui conserve une remarquable architecture coloniale datant de la fin du XIXe siècle, le Musée de la Tombe des Yue du Sud présentant une très belle collection d'objets archéologiques découverts en 1983 lors des travaux de voirie et un petit musée qui regroupe une étonnante collection d'oreillers de porcelaine.

Vous pouvez voir aussi :

Le Temple des Ancêtres de la Famille Chen qui se situe dans l'avenue 7 de Zhongshan. Les sculptures sur bois et les figures de terre cuite du toit de ce bâtiment réalisé de 1890 à 1894, et restauré depuis, sont d'excellents exemples d'architecture décorative. Les pavillons abritent de magnifiques objets artisanaux, de jade ou d'ivoire sculptés entre autres.

Le Parc Yuexiu, avec une dizaine d'hectares, est le plus vaste espace vert du centre de Guangzhou. Dans son centre, près des trois petits plans d'eau, veille la Tour dominant la Mer érigée en 1380, puis intégrée aux remparts de la ville sous la dynastie des Ming. À l'intérieur, sur trois étages, le Musée de Guangzhou présente dans le détail l'histoire de la ville jusqu'au XXe siècle. À proximité, se dresse aussi le monument aux chèvres qui évoque la légende de la fondation de Guangzhou.

L'endroit préféré des Cantonais pour se reposer est le vaste parc qui entoure sur un périmètre de 30 km^2 les versants de la Colline des Nuages blancs, à environ 7 km au nord du centre-ville. Les versants de ce relief de 382 m sont agrémentés par une multitude de lacs, de pavillons et de maisons de thé.

Avec ses jolis toits recouverts de céramiques bleues, le Mémorial de Sun Yat-sen est consacré au premier président (1866–1925) de la République de Chine proclamée en 1911 et au fondateur du Guomindang.

Shenzhen est une autre ville de la province du Guangdong, à 160 km au sud-est de Guangzhou. Située en bordure de Hong Kong, son territoire était largement rural dans les années 70, un simple village de pêcheurs. À partir de 1980, une partie de la ville a acquis le statut de zone économique spéciale, devenant ainsi l'un des principaux lieux d'expérimentation de la politique d'ouverture aux investissements étrangers. Elle a connu un essor économique et démographique spectaculaire qui en a fait une ville de dix millions d'habitants et l'un des grands pôles économiques du delta de la Rivière des Perles. Bénéficiant des investissements et des délocalisations hongkongais, elle est devenue un centre de différentes activités industrielles et tertiaires.

Les différences des prix entre Hongkong et Shenzhen attirent de nombreux résidents hongkongais vers les centres commerciaux de Shenzhen. Le tourisme constitue aussi une importante source de revenus pour cette ville. Par ailleurs, plusieurs parcs d'attraction ont été créés. L'un des plus connus est Window of the World où sont reconstitués en tailles réduites les plus célèbres lieux et monuments du monde.

Noms propres

la Foire Internationale de Guangzhou	广交会
la CITIC Plaza	中信大厦
l'Ilôt de Shamian	沙面岛
le Musée de la Tombe des Yue du Sud	南越王墓
le Temple des Ancêtres de la Famille Chen	陈家祠
le Parc Yuexiu	越秀公园
la Tour dominant la Mer	镇海楼
le Musée de Guangzhou	广州博物馆
la Colline des Nuages blancs	白云山
le Mémorial de Sun Yat-sen	孙中山纪念堂
Window of the World	世界之窗

Corrigés

Leçon 1

Partie 3

Exercice 1   Les secteurs et les fonctions du tourisme

Lisez attentivement le tableau des domaines d'activités du tourisme et placez les termes suivants aux endroits qui conviennent.

1. responsabilité
2. l'accueil et de la réservation
3. l'installation et du séjour
4. production
5. distribution des repas
6. tour-opérateurs
7. agences de voyages
8. l'image
9. publics nombreux et variés

Exercice 2   Tourisme émetteur ou récepteur

1. Quelle est leur fonction ?
    1) b   2) a
2. Dites si les fonctions ci-dessous sont celles d'une agence émettrice ou réceptrice. Cochez la réponse qui convient.
    Agence émettrice : 3, 5, 6 ;   Agence réceptrice: 1, 2, 4

Exercice 3   Distinction de ces fonctions touristiques

1. Dans chaque cas, indiquez la fonction du professionnel du tourisme: tour-opérateur (TO), agent distributeur (AD), agent émetteur (AE), agent réceptif (AR), en cochant la case qui convient.
    TO : 2 ;   AD : 4 ;   AR : 1, 3
2. Attribuez à chacun des prestataires les responsabilités qui sont les siennes. Cochez la case qui convient.
    Agence réceptrice : 1, 2, 8
    Agence émettrice : 6
    Tour-opérateur : 1, 3, 4, 5
    Agence de voyages : 1, 2, 6, 7

Partie 3

Exercice 1   Classez les produits touristiques.

Produits touristiques	Rubriques					
	Billetterie	**Formule**	**Thématique**	**Destination**	**Budget**	**Promo**
Ex. : 1. Tunisie	×	Thalassothérapie	Mer	Afrique du Nord	Moins de 1000 €	×
2. New-York	×	Week-ends et courts séjours	×	Amérique	Moins de 500 €	×
3. Cuba	×	Hôtels-clubs	×	Amérique	Moins de 1500 €	×
4. Mont-Blanc	×	Circuits	Montagne Randonnées	Europe	Moins de 500 €	×
5. Irlande	×	Autotours	×	Europe	Moins de 1000 €	×
6. Chine	×	Circuits	Groupes	Asie	Plus de 1500 €	×
7. Paris Hanoï Saïgon	Avion	×	Affaires	Asie	Moins de 1500 €	×
8. Londres	Train	×	×	Europe	×	-30%

Exercice 2   Associez les clients aux produits touristiques

1.   1) Le tour du Mont Blanc.
     2) Londres en Eurostar en mai.
     3) Les bienfaits de la mer en Tunisie.
     4) Panorama de la Chine éternelle.
     5) Paris/Hanoï/Saïgon.
     6) New York.

Exercice 3   Associez les noms des formules et les contenus de voyage.

1. une croisière   2. un circuit organisé   3. une cure de thalassothérapie
4. une randonnée   5. une excursion   6. un autotour

Leçon 3

Partie 3

Exercice 1   Que font-ils ?

Identifiez le métier à partir des domaines, des lieux et des activités mentionnés.

restauration :   1. sommelier   2. chef cuisinier / chef   3. garçon

hébergement :   4. réceptionniste   5. gouvernante   6. concierge

transport :   7. contrôleur   8. loueur   9. hôtesse de l'air

animation :   10. animateur   11. agent de comptoir / de voyages 12. moniteur

                    13. employé d'un OT ou d'un SI 14. guide

Exercice 2

1.   Complétez les phrases avec le verbe qui convient.
        1) servent / conseillent   2) apprennent   3) s'occupe   4) renseigneront   5) organisent
        6) renseigne / conseille   7) prend   8) surveiller   9) surveille   10) dirige
2.   Construisez une phrase décrivant chacun des métiers suivants.
        1) L'animateur s'occupe de l'organisation des jeux pour les enfants.
        2) Le guide se charge de l'explication des curiosités.
        3) La gouvernante est responsable de la surveillance de la propreté d'un hôtel.
        4) Le moniteur s'occupe de l'apprentissage des sports pour les clients.
        5) Le réceptionniste est responsable de l'accueil des clients.
        6) Le maître d'hôtel s'occupe du service des plats et boissons.
        7) Le loueur s'occupe de la location des voitures ou motos.
        8) Le sommelier se charge de la recommandation des vins.

Exercice 3

À l'aide des définitions, retrouvez les métiers qui vous permettront de découvrir le « métier mystère ». Une fois le « métier mystère » trouvé, définissez-le en quelques mots.

1. garçon   2. guide   3. chef   4. femme de chambre
5. employé   6. animateur   7. sommelier   8. gouvernante
9. agent de voyages   10. moniteur   11. directeur   12. hôtesse
13. maître d'hôtel   14. chauffeur

Métier mystère : réceptionniste. Le réceptionniste fait des réservations de chambres, s'occupe des clients, renseigne sur les installations et les services de l'hôtel.

Leçon 4

Partie 3

Exercice 1   Classez les questions par type d'information demandée.

	Date	Lieux	Activités	Prix	Horaires
Questions	4, 9, 14, 19	2, 6, 13, 17	5, 10, 15, 20	3, 8, 11, 18	1, 7, 12, 16

Exercice 2   Comment réagir ?

Associez la question ou le commentaire du touriste à la réponse ou à l'explication du guide.

1e   2b   3a   4c   5d

Exercice 3   Fournir des documents

1.   Quel est le nom de chacun des documents décrits ?
     1) un circuit   2) une brochure   3) un plan de ville   4) un horaire   5) un programme
     6) un encart   7) une affiche   8) un guide   9) un dépliant
2.   Dans les situations suivantes, quels documents faut-il proposer?
     Situation 1 : un guide
     Situation 2 : les horaires
     Situation 3 : les brochures
     Situation 4 : le programme (de cinéma, théâtre, concerts...)

Leçon 5

Partie 3

Exercice 1   Les mots pour le dire

1.   Trouvez le substantif correspondant à chacun des verbes :
     1) travail   2) élevage   3) visite   4) dégustation   5) ouverture
     6) fermeture   7) présentation   8) descente   9) accueil   10) construction
     11) destruction   12) passage   13) atterrissage   14) traversé   15) envol
2.   Trouvez le verbe correspondant à chacun des substantifs :
     1) explorer   2) initier   3) continuer   4) retourner   5) accéder
     6) commenter   7) installer   8) escalader   9) transférer   10) se promener
     11) décoller   12) se baigner   13) se balader   14) découvrir   15) arrêter

3. Quels termes utilise-t-on dans un descriptif d'itinéraire ou de circuit pour indiquer :
   1) le départ   2) le retour   3) une halte / un arrêt
   4) une dégustation   5) un transfert

Exercice 2

1. Complétez le texte de la brochure avec les mots suivants :
   1) Prix par personne   2) itinéraire   3) Départ   4) Samedi
   5) Transfert   6) excursion   7) Arrêt   8) Visite
   9) Paris   10) Le prix comprend   11) chambre double

Exercice 3

Vous travaillez dans une agence réceptrice de votre pays. Vous recevez le fax suivant. Répondez-y en faisant une proposition de circuit.

1. Nom du circuit : identifier d'abord la région à visiter, puis donner un nom au circuit en fonction des sites à visiter.
2. Dates conseillées : choisir la meilleure période pour voyager entre 5 et 7 jours dans de bonnes conditions.
3. Résumé du circuit : évoquer les principaux sites à visiter, les thèmes du circuit.
4. Rédaction de l'itinéraire jour par jour.

Leçon 6

Partie 3

Exercice 1   Vrai ou faux ?

Les affirmations suivantes sont-elles vraies ou fausses ? Pourquoi ?

1. F (Il faut se lever, l'accueillir et lui tendre la main.)
2. F (La phrase la plus polie est « veuillez patienter un moment », on accepte aussi « ne quittez pas », qui est moins poli.)
3. F (Vous devez proposer à la personne qui vous appelle au téléphone de la rappeler plus tard : le client en face à face est prioritaire selon les règles de politesse.)
4. V (Asseyez-vous, je vous en prie.)
5. V (Prénom, nom et agence.)
6. F (On se lève et on le raccompagne à la porte.)
7. V (On peut aussi demander : « Que désirez-vous ? » ou « Je peux vous aider ? »)
8. V
9. F (Vous devez dire : « Ne quittez pas, je vous le passe », « Je vous passe M. X », « Un instant, je vous passe M. X ».)
10. F (Vous devez dire : « Vous permettez ? »)

Exercice 2   L'art et la manière de bien accueillir des Français

Classez, d'une part, ce que l'on peut faire et dire et, d'autre part, ce que l'on ne peut ni faire, ni dire.

À faire ou à dire	À ne pas faire ou à ne pas dire
1, 4, 5, 6, 9, 10, 12, 13, 14, 15, 26, 28	2, 3, 7, 8, 11, 16, 17, 18, 19, 20, 21[※], 22, 23, 24, 25, 27, 29, 30 ※ Fumer est interdit aujourd'hui dans tous les lieux publics dans pas mal de pays et régions, comme en France et au Canada.

Exercice 3   Ça va ? Ça ne va pas ?

1. Plutôt mal. Le voyage n'était pas mauvais mais pas vraiment bon non plus.
2. Plutôt mal. Cela s'est relativement bien passé, mais ce n'était pas très bien.
3. Plutôt mal. Je ne suis pas satisfait.
4. Plutôt bien. Il s'est relativement bien passé.
5. Plutôt mal. Cela ne s'est pas très bien passé.
6. Mal. Cela s'est mal passé.
7. Mal. Cela s'est mal passé.
8. 9. 10. Très bien. Le voyage était excellent.
11. Il y a deux possiblités en fonction de l'intonation :
    - Très bien. C'est le meilleur voyage que j'ai fait.
    - Mal. C'est le pire voyage que j'ai fait.
12. Plutôt mal. Le voyage ne s'est pas passé de manière satisfaisante.
13. Mal. Après un début de voyage agréable, il y a eu des problèmes.
14. Il y a deux possiblités en fonction de l'intonation :
    - Très bien. le voyage s'est bien passé, même au-delà de ses espérances.
    - Mal. Le voyage s'est mal passé : déception ; il y a eu de gros problèmes.
15. Plutôt mal. Il y a eu des problèmes mais ils ont été résolus.
16. Plutôt bien. Le voyage s'est bien passé. Le touriste est satisfait, surtout parce qu'il, avait des craintes par rapport à ce voyage.
17. = Couci-couça.
18. Plutôt mal. Le voyage s'est mal passé, il y a eu des problèmes entre autres, un manque de confort.
19. Deux possibilités suivant l'intonation :
    - Très bien. le voyage s'est bien passé dans des conditions excellentes.
    - Mal. Le voyage s'est mal passé dans des conditions désastreuses.
20. Plutôt mal. Le touriste est déçu par son voyage.
21. Plutôt mal. Le touriste est déçu par son voyage, il pensait que cela se passerait mieux.
22. Mal. Il est très déçu et pas content.
23. Plutôt mal. Il préfère rester évasif car son voyage l'a déçu.

24. Mal. Les conditions du voyage étaient mauvaises.

25. Très bien. Le client est très content : félicitations pour le guide.

26. Mal. Le client n'a pas apprécié son voyage.

27. Très bien. Le voyage s'est très bien passé, le client est très content.

28. Mal. Le client n'est pas content de l'organisation de son voyage.

Leçon 7

Partie 3

Exercice 1   Panneaux d'accueil

1. Voici des panneaux pour accueillir les touristes de différents séjours dans les Alpes. Pour chacun d'entre eux, imaginez les activités principales proposées lors du séjour et le genre du public auquel il s'adresse.

   1) UCPA : Union des Clubs de Plein Air
      - alpinisme moyenne montagne
      - public très jeune, motivé, peu fortuné
   2) Le Renard Vagabond
      - trekking (= marche)
      - public assez jeune, sportif endurant
   3) Glisse 3 000 Stations de Val Thorens, Val d'Isère
      - ski hors-piste, monoski, surf
      - public très jeune, très sportif
   4) Vercors VTT (VTT = Vélo Tout Terrain utilisé en montagne)
      - randonnée en VTT sur le plateau du Vercors
      - public jeune et moyennement jeune, assez sportif
   5) 2 Alpes Trial
      - balades en moto trial sur les pentes des 2 Alpes (moto trial = petite moto sportive adaptée à la nature sauvage)
      - public jeune aimant les sport mécaniques
   6) Raft Isère
      - descente depuis les sources de l'Isère en raft (raft = mot anglais désignant une sorte de grand radeau à 5 ou 6 rameurs)
      - public jeune et sportif
   7) Terre d'aventure
      - trekking (= marche sportive)
      - public de 18 à X ans
   8) Club Med Tignes (Club Méditerranée, célèbre pour ses villages clubs au bord de la mer. Il propose aussi des séjours à la montagne).
      - ski et détente
      - public tout âge, assez fortuné

9) Les Portes du Soleil
   - promenade en moyenne montagne avec guide
   - découverte de la faune et de la flore (animaux et plantes à Morzine)
   - public : familles
10) Alpes-Rando
    - randonnées pédestres dans les Alpes
    - public de 18 à 50 ans peu fortuné
11) Les choses à voir
    - découverte de la flore alpestre dans le sentier écologique des Besses
    - initiation à l'écologie et à la diététique
    - public assez âgé
12) Vanoise Zoom
    - randonnée et safari photos dans le parc national de la Vanoise (chamois, bouquetins, perdrix, aigles royaux)
    - public tout âge, sportif
13) La petite reine
    - dans le région de Briançon, faire les grands cols à bicyclette
    - « la petite reine » est une expression pour désigner la bicyclette
    - public jeune ou « encore jeune » et endurant

Exercice 2   Relisez le discours de bienvenue I de la partie Dialogue.

1. Ce discours de bienvenue comprend cinq parties. Quelle est leur fonction ?
   1) introduction
   2) présentations des participants
   3) bref rappel du programme
   4) questions spécifiques
   5) conclusion : souhaits de bon séjour ou bon voyage
2. Relevez pour chacune des parties les phrases d'introduction. Pour chacune de ces phrases, trouvez trois ou quatre autres phrases équivalentes.
   1) Bonjour, bienvenue à...
      Je me présente...
   2) Tout d'abord, je vais vérifier si tout le monde est là...
   3) Je vous rappelle brièvement l'itinéraire...
   4) Et maintenant laissez-moi vous présenter...
   5) Je vais vous laisser en vous souhaitant...
   c.f. leçon 8, Partie 3, Exercice 1

Exercice 3   Relisez le discours de bienvenue II.

1. Des points essentiels :
   Un guide peut donner un discours de bienvenue à l'aéroport, dans l'autocar en route vers l'hôtel, ou au banquet. Dans le discours, il vaut mieux

→ adresser les salutations ;

→ se présenter et présenter le chauffeur et leur agence de voyage ;

→ exprimer le désir d'offrir de bons services ;

→ donner des informations sur l'hôtel où les touristes vont loger (telles que location, facilités...) ;

→ présenter brièvement les sites qu'on va visiter ;

→ souhaiter un bon voyage.

Leçon 8

Partie 3

Exercice 1   L'expression des guides

Associez les groupes des phrases aux fonctions :

1. B	2. G	3. D	4. C	5. E
6. F	7. A	8. H	9. J	10. I

Exercice 2   L'expression du temps.

Entourez la bonne réponse.

1. En	2. sous	3. Le	4. dans
5. il y a	6. depuis, sous	7. il y a	8. pendant

Leçon 9

Partie 3

Exercice 1   Les différents modes d'hébergement et leur classement

Complétez les phrases avec les termes proposés ci-dessus :

1. Les résidences de tourisme
2. Les auberges rurales
3. L'auberge de jeunesse
4. Les villages de vacances
5. Les meublés de tourisme
6. La chambre d'hôtes
7. Hôtels de tourisme

Exercice 2   L'hôtel accueille les familles et les groupes

Complétez les phrases avec les termes proposés.

1. applicables
2. accompagnée
3. bon d'échange
4. le plan, accordée
5. à votre dispostion, repas

Exercice 3

Complétez les phrases avec un verbe que vous accorderez.

1. avez demandés   2. possède   3. contenir   4. manquerons   5. héberger

Leçon 10

Partie 3

Exercice 1   Les termes et les produits de base de la cuisine française

1.   Voici une liste de produits et d'ingrédients. Classez-les par catégorie.

    1) poisson: sole, truite, brochet

    2) volaille : oie, canard, dinde

    3) viande : boeuf, veau, rosbif, lard

    4) fruits de mer : moule, langouste, huître

    5) légumes : oignon, petits pois, asperge

    6) fruits : framboise, noix, poire, prune

    7) produits laitiers : beurre, camembert, crème fraîche, roquefort

    8) assaisonnement / épices : cannelle, moutarde, poivre, vinaigre

2.   Les adjectifs ci-dessous s'utilisent pour des plats ou des boissons. Trouvez les neuf paires opposées.

aigre / doux	épicé / fade	plat / pétillant	salé / sucré
cru / cuit	frais / surgelé	solide / liquide	dur / tendre

Exercice 2   Ce vin rouge est absolument...

1.   Voici une liste de termes utilisés pour parler du vin. Classez le plus possible de mots dans les catégories suivantes.

    1) rubis, trouble, fané, brillant, pourpre, robe

    2) bouquet, fruité, nez

    3) acide, arrière-goût, bouchon, corsé, doux, épicé, gouleyant, généreux, moelleux, nerveux (en bouche), fruité, sec, suave

    4) cru, jambe, mousseux, nouveau, ordinaire, pétillant, plat, puissant, racé, corsé, capiteux, nerveux

2.   Attribuez à chacun des verbes ci-dessous la définition qui lui convient.

    1) c   2) e   3) a   4) d   5) b

Partie 3

Exercice 1

Replacez les termes géographiques ci-dessous dans les ensembles qui leur correspondent.

relief : 2, 4, 7, 9, 10, 15, 16, 17, 22, 25, 27, 30, 33, 37, 38, 44, 48, 52, 53, 59, 60, 61, 62, 65, 66
végétation : 3, 6, 13, 18, 19, 23, 29, 34, 40, 41, 46, 50, 54, 56, 64, 67
hydrographie : 1, 5, 8, 11, 12, 14, 20, 21, 24, 26, 28, 31, 32, 35, 36, 39, 42, 43, 45, 47, 49, 51, 55, 57, 58, 63, 68, 69, 70

Exercice 2

Complétez les descriptions à l'aide des termes proposés.

1. atteint, dénudé, en pente douce, verticale, abrite, s'étale
2. rocheux, s'étend, encaissée, contraste, se déploie
3. offre, plonge, se dresse
4. est flanquée, trouve, sillonnées

Partie 3

Exercice 1

Voici la liste des synonymes de « voyage ». Retrouvez leur définition et le type de voyage qu'ils évoquent pour bien conseiller les touristes.

1. C/b   2. E/e   3. H/g   4. F/i   5. I/a   6. A/h   7. G/c   8. D/f   9. B/d

Exercice 2

Voici quelques mots dont vous avez besoin pour conseiller les touristes pendant les activités. Retrouvez dans la colonne 2 les contraires des expressions de la colonne 1.

1. d   2. c   3. e   4. a   5. b

Exercice 3

Quand vous conseillez une spécialité culinaire, quelquefois vous devez expliquer quel est le type d'aliment ou le mode de préparation. Associez les noms des spécialités aux

explications.

1. b   2. e   3. g   4. h   5. d   6. i   7. f   8. c   9. a

Leçon 13

Partie 3

Exercice 1   Faut-il prendre des précautions particulières ?

Quelles recommandations feriez-vous au touriste dans les cas suivants ? Complétez les phrases à l'aide d'un verbe à la forme qui convient.

1. Déposez   2. Ne laissez   3. Évitez   4. Ne vous laissez pas   5. Refusez

Exercice 2

Quand on voyage dans des lieux qui pourraient être dangereux, le guide doit prévenir les touristes à l'avance. Analysez chacun des cas suivants et dites comment vous allez recommander ou déconseiller la proposition faite.

2. Il est fortement déconseillé de s'éloigner de la rue touristique.

3. Les touristes devront être vigilants. Il est fortement recommandé aux voyageurs circul ant par leurs propres moyens de ne pas passer la frontière de nuit.

4. Soyez toujours vigilant et faites preuve de discrétion (évitez les signes extérieurs de richesse tels que bijoux et tenues vestimentaires de valeur qui attirent l'attention et la convoitise).

5. En cas d'agression, ne résistez pas à l'agresseur qui pourrait faire usage d'une arme.

6. Faites preuve de la plus grande vigilance lors de l'utilisation des cartes de crédit (évitez de la perdre de vue lors d'un paiement).

7. En ville, il est recommandé de circuler vitres fermées et portières bloquées. Hors agglomération, il vaut mieux ne pas circuler la nuit.

8. Ne Faites pas de tourisme dans les quartiers défavorisés.

9. Faites des photocopies des documents officiels et laisser les originaux dans le coffre de l'hôtel.

10. N'ayez pas sur vous d'importantes sommes d'argent. N'hésitez pas, en cas d'agression, à donner un peu d'argent.

11. Lors de vos déplacements à l'étranger, n'acceptez jamais un colis d'un inconnu. Ce paquet peut en effet contenir des stupéfiants ou des explosifs.

12. Faites attention aux effets personnels dans les transports en commun et dans les restaurants.

13. Ayez toujours sur vous le numéro du consulat ou de la personne à prévenir en cas d'urgence.

14. Ne prenez que les taxis appelés par radio. Ne prenez jamais un taxi stationné en face de l'établissement bancaire ou du distributeur de billets lorsqu'on vient de faire le change. De même, à l'arrivée à l'aéroport, n'acceptez pas de suivre les personnes qui vous interpellent et disent être chauffeurs de taxi.

Partie 3

Exercice 1   Observer et prévenir les problèmes

Voici une série de scènes avec des personnes que vous risquez de rencontrer dans votre profession. Il y a deux situations que vous avez vues dans Dialogue II. Faites un résumé de ce que le guide craint et ce qu'il propose pour ces deux situations. Pour la troisième situation, imaginez ce que la touriste risque de faire et jouez le dialogue entre le guide et la touriste.

Dessin A

Vous craignez :

- que sa tenue choque les habitants du pays où vous vous trouvez.

- qu'elle se fasse agresser et crée des problèmes au groupe.

Vous proposez :

- qu'elle change de vêtements.

Dessin B

Vous craignez :

- qu'il photographie des personnes sans leur autorisation, elles pourraient en être très choquées.

- qu'il photographie des lieux interdits (lieu de culte, installations militaires...).

Vous proposez :

- qu'il demande les permissions à l'avance.

Dessin C

Vous craignez :

- que la touriste se torde les chevilles et qu'elle se fasse du mal.

- qu'elle retarde le groupe.

Vous proposez :

- qu'elle change de chaussures de montagne.

Dialogue pour le Dessin C

Le guide : Vous n'avez rien de plus confortable ... ?

La touriste : Pourquoi ? Qu'est-ce qu'il y a ?

Le guide : Mais enfin...il faut absolument avoir de bonnes chaussures en montagne !

La touriste : Ben moi, j'ai rien d'autre. Je marche très bien avec ça, vous savez.

Le guide : Vous risquez un accident et de vous blesser, moi je refuse de vous emmener si vous n'avez pas de chaussures de montagne.

La touriste : Bon, si c'est comme ça, je vais en acheter une paire au village, ça peut toujours servir.

Exercice 2   Si on vous dit...que répondez-vous ?

Associez les questions aux réponses.

1	2	3	4	5	6	7	8	9	10
B	F	C	J	E	H	I	G	D	A

Exercice 3   Quel est le problème ? Comment les rassurer ?

Pour chacun des énoncés suivants, trouvez de quoi les touristes ont peur et sur quels points il faut les rassurer. Faites des dialogues.

De quoi ont-ils peur ?	Sur quels points rassurer ?
Alberto - a peur de ne pas être capable d'accomplir l'activité proposée. **Simone** - a peur que ses enfants soient obligés de faire ce qu'ils n'aiment pas et qu'ils se fassent mal. - ses enfants ont peur des animaux. **Nicole** - a peur d'une activité nouvelle pour elle. - a des doutes sur ses aptitudes. **Jacqueline** - a peur de ne pas pouvoir suivre son régime - a peur de se singulariser et de gêner.	**Alberto** - facilité du parcours - possibilité de s'arrêter - encadrement compétent **Simone** - activité encadrée par des moniteurs confirmés - activités de rechange possible **Nicole** - la crainte d'une nouvelle activité est un phénomène normal. - facilité du parcours choisi - encadrement compétent - matériel de bonne qualité - tout le groupe est débutant **Jacqueline** - ce cas n'est pas nouveau pour nous - possibilité de prévenir l'hôtel pour un repas spécial - satisfaire le client est une règle que l'agence se doit d'appliquer

Partie 3

Exercice 1   Oui... mais...

Un client vous interpelle. Répondez à ses objections de façon variée et en utilisant l'une des trois stratégies suivantes :
- **Oui... mais...**
- **Pourquoi ?**
- **Si je comprends bien...**

1. Oui, mais vous pouvez réserver des places sur le côté, près des sorties de secours, si cela peut vous tranquilliser.
2. Si je comprends bien, vous pensez que ça n'en vaut pas la peine ?
3. Pourquoi ? Vous avez entendu de mauvaises critiques à leur sujet ?
4. Oui, c'est un peu tard, mais pensez que vous allez assister à un événement unique en son genre!
5. Si j'ai bien compris, vous vous attendiez à quelque chose de différent ? À quoi exactement ?

Exercice 2   Désarmez les « râleurs ».

Associez les réponses aux petits problèmes fréquemment rencontrés.

1. B   2. C   3. E   4. F   5. A   6. D

Exercice 3   À vous de répondre aux « râleurs ».

1. - Vous n'avez pas tort, je vais en parler au directeur.
   - C'est vrai que la cuisine locale n'est pas fameuse. On ne peut pas y avoir grande chose.
2. - Excusez-moi mais j'avais quelques problèmes à régler à la réception.
3. - Je vais demander une ou deux couvertures supplémentaires.
   - Je vais demander qu'on mette le chauffage.
4. - Ça peut sans doute s'arranger, je vais essayer de vous changer de chambre.
5. - Ça c'est vrai, cette année il fait chaud partout !
   - Eh oui, on est sous les tropiques !

Partie 3

Exercice 1   Êtes-vous satisfait ?

Vous êtes guide accompagnateur. Vous interrogez les touristes sur leur degré de satisfaction. Pour chaque point ci- dessous, quelle question pouvez-vous poser ?

On peut se servir des verbes comme « plaire », « trouver », « penser de », et « aimer » pour poser une question.

1. repas : Vous avez aimé le repas ? / Comment s'est passé le repas ? / Comment avez-vous trouvé le repas ?
2. service (au restaurant) : Que pensez-vous du service ? Vous avez apprécié le service ?
3. excursions : Comment s'est déroulée l'excursion ? / Vous avez aimé les excursions ?
4. soirées : Les soirées vous ont plu ? / Vous avez aimé les soirées ?
5. activités sportives : Qu'avez-vous pensé des activités sportives ? / Comment se sont déroulées les activités sportives ?

Exercice 2   Évaluation

Les clients évaluent les prestations touristiques. Voici quelques commentaires. Cochez les commentaires positifs.

Les commentaires positifs sont : 3, 5, 6, 8, 9, 11, 12

Exercice 3

Lisez le questionnaire suivant. Selon vous, c'est un questionnaire pour quelle sorte d'établissement ? À partir du modèle suivant, vous concevrez vous-même un autre questionnaire pour connaître les opinions des touristes sur une visite.

Il s'agit d'un questionnaire d'un hôtel-club.

À savoir : comment concevoir un bon questionnaire d'évaluation.

1. Un bon questionnaire a une présentation claire et agréable.
2. Le nom de l'organisme ou de l'entreprise doit figurer sur le questionnaire.
3. Les questions doivent être classées par rubriques.
4. Les questions doivent être faciles à répondre et faciles à dépouiller.
5. Le petit plus : un mot de remerciement en fin de questionnaire de type :
    « Merci d'avoir pris le temps de répondre à ces questions, et à bientôt ! »

Bibliographie

Abry.D. *Le français sur objectifs spécifiques et la classe de langue*. CLE international, 2007.

Audoux.M.T, Mazzetti.P, Bessenay.J. *L'hôtel théorie et pratique*. Editions Jacques Lanore, 2008.

Bourniquel.J.P, Conqquet.S, Maingret.S. *Technologie des services*. Foucher 2008.

Calmy.A. M. *Le français du tourisme*. Hachette, 2004.

Corbeau.S, Dubois.C, Penfornis.J-L. *Tourisme.com*. CLE international, 2004.

Descotes-gnon.C, Eurin.S, Rolle-Harold.R, Szilagyi.E. *La voyagerie*. Presse Universitaire de Grenoble, 1992.

Huet.A, Gautheret.G, Pischler.C, Sultan.M.D. *Ventes et productions touristiques*. Bréal, 2002.

Martins.C, Mabilat.J.J. *Conversations pratiques de l'oral*. Didier 2003.

Merlin.P. *Tourisme et aménagement touristique des objectifs inconciliables*. La documentation française, 2008.

Renner.H, Renner.U, Tempesta.G. *Le français de l'hôtellerie et de la restauration*. CLE international, 1992.

Renner.H, Renner.U, tempesta.G. *Le français du Tourisme*. CLE international, 1993.

朱华. 导游英语.高等教育出版社，2007.